やる気ゼロからフローに入る

超・集中ハック

SUPER CONCENTRATION HACK

伊庭正康
MASAYASU IBA

GOING FROM
ZERO MOTIVATION
TO FLOW

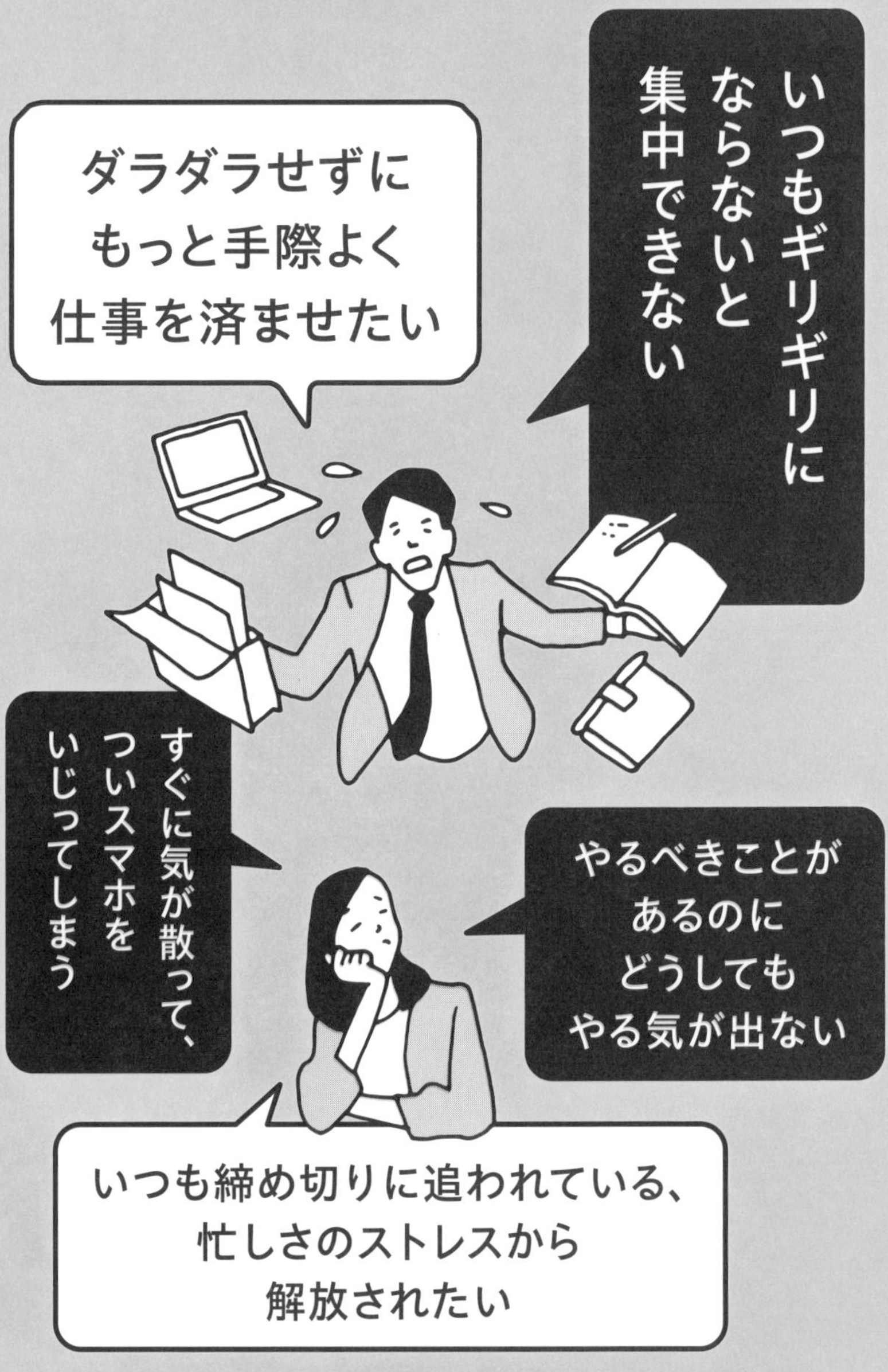
いつもギリギリにならないと集中できない
ダラダラせずにもっと手際よく仕事を済ませたい
やるべきことがあるのにどうしてもやる気が出ない
すぐに気が散って、ついスマホをいじってしまう
いつも締め切りに追われている、忙しさのストレスから解放されたい

この本は、
そんなお悩みを
抱えている方に向けて
書きました。

はじめに

なぜ今、「集中力」なのか

集中力を維持することの難しさ

集中力は、仕事を効率的にこなし、あなたの人生をより豊かにするために、必要不可欠なスキルの1つです。

しかし、集中力を維持することは簡単なことではありません。

まず、周りの環境や音、人の行動などが、あなたに干渉してきます。

SNSやメールの通知は毎日容赦なく届きますし、雑音に悩まされることもあるでしょう。職場で声をかけられることも少なくないものです。

それだけではありません。

あなた自身の内部からくるものもあります。

不安やストレス、疲れなどの要因も、あなたの集中力を邪魔します。

なので、この本では
・なぜ集中力を高める必要があるのか
・なぜ集中力を維持することが難しいのか
・どうしたら集中力を維持することができるのか
これらについて、紹介していきます。

申し遅れました。
私は、各企業で、ビジネスパーソンの生産性を高めるトレーニングを提供する、研修会社を営む、伊庭正康と申します。
日々、多くのビジネスパーソンと接する仕事をしているのですが、彼らから「もっと効率を高めたい」「集中力を高めたい」といったリアルな声を聞きます。

かつては、私も忙しさに翻弄され、「集中力」に課題を感じていた1人なので、とても共感しています。

実際、かつての私は、急がないといけない状況なのになぜかメールが気になったり、スケジュールに不安を感じてチェックして、急ぎの作業を中断してしまったりしていました。

そのたびに「ああ、またやってしまった」と嫌気がさしたものです。

集中力を高めないといけない理由

では、そもそも、なぜ集中力を高める必要があるのかを考えてみましょう。

1つは、「**仕事を手際よく済ませる**」ためです。

あなたの職場では、「残業を減らそう」など、生産性を高めることがテーマになっていないでしょうか。

しかし、どうでしょう。仕事の量は減るどころか、増えていることもよくあること。

そんな状況で生産性を求められるとなると、「時間あたりのタスク処理率」をどうしても上げる必要が出てきます。

2つ目は、「**プライベートの時間を充実させる**」ためです。

仕事を手際よく進められるようになると、時間に余裕が生まれ、プライベートな時間を充実させることができます。

趣味、育児、自己投資の時間を確保する、さらにはいろいろな人との出会いなど、われわれには仕事以外にも大切にすべき時間があるはずです。


そして、3つ目が、「**ストレスを軽くする**」ためです。

集中力を高めると、自分のペースで作業や仕事ができるようになります。

面倒なことほど先に済ませられますし、適切なタイミングで休憩を取りながら進められるようになりますので、時間に追われるプレッシャーからも解放されます。


また、この本でも紹介しますが、集中すると「没頭」の域に達することもできます。気が付けば仕事がサクサクと進んでいる、いわゆる「フロー」と言われる状況に自分を導くこともできるのです。

集中力を高める、ただ1つの条件

でも、先ほども申しましたが、集中力を維持するのはそう簡単ではありません。

1時間、いや、30分、1つのことに集中することも難しいものです。

あなたは、スマホに気を取られることなく、作業に集中できていますか。

関係ないことが頭をよぎることなく、仕事を進められていますか。

普通に過ごしていると、まずムリ。

では、どのようにしたら集中力を高め、維持することができるのでしょうか。

実は、大切なのは意識や努力ではありません。

「セオリーを知ること」です。

この本では、あますことなく、あなたの脳をフル活用し、集中力を高めるセオリーを紹介します。

しかも、机上の空論ではありません。**様々な研究結果や心理学などに基づいた、実際のビジネス場面で役立つセオリーを紹介していきます。**

実際に、私自身も実践し、効果を実感しているものばかりです。

もちろん、**すべてを行う必要はありません。**

あなたにとって必要なハックに絞って、実践してみてください。あれもこれもやるより、やるべきことを絞ることが、習得の近道です。

ぜひ、この本にある内容を1つだけでもやってみてください。

明日から、やることを見つけてください。

確実に、あなたの集中力が高まり、より豊かな人生が待っていることでしょう。

株式会社　らしさラボ　代表取締役　研修トレーナー

伊庭正康

目次『やる気ゼロからフローに入る　超・集中ハック』

第2章 IQアップ！脳の集中力を高める「習慣ハック」

第3章 どんな時でもスピードを加速させる「タスクハック」

第4章 気が乗らない時の「やる気スイッチ」のつくり方

第5章

集中力が途切れない〝没頭空間〟をつくる「環境ハック」

第1章

集中力を高めれば、4倍速で仕事は片付く

01
CONCENTRATION HACKS

あなたの集中力は20分しか持たない

15分ごとに休憩を入れると集中力が回復

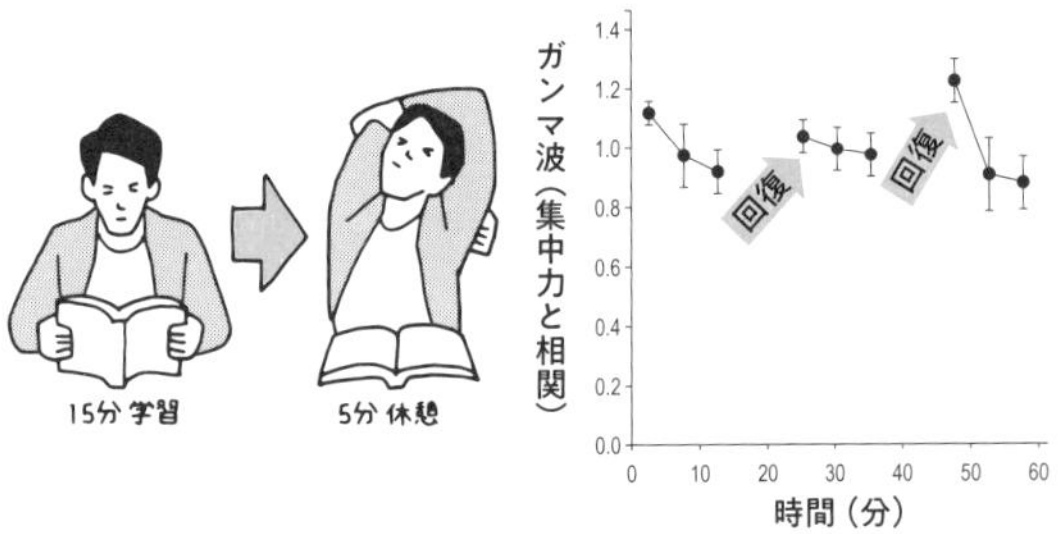

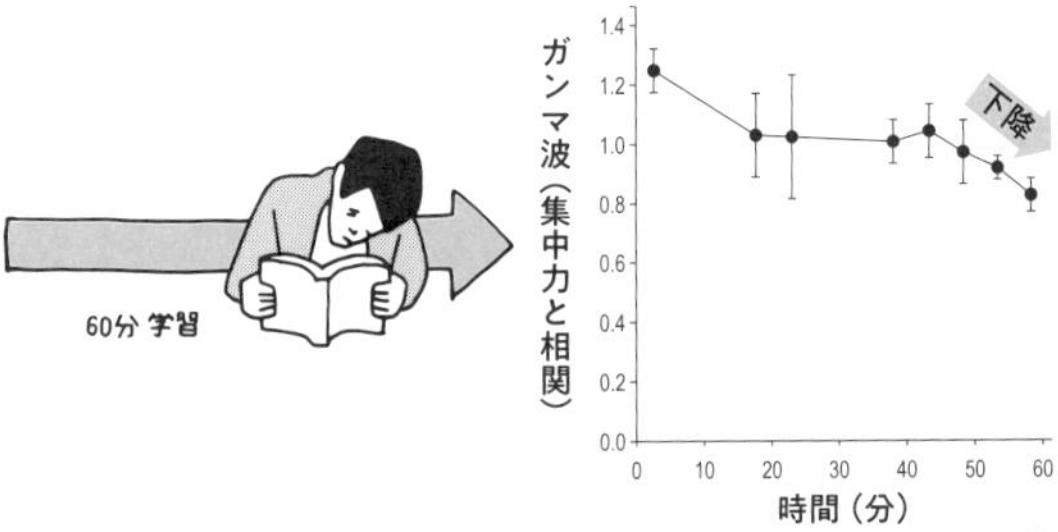

(東京大学　池谷裕二教授の研究)

「ガンマ波」

集中力と相関のある脳波。
20分から低下し、40分で急激に落ちる。

集中力の「限界」を知る

気が付けば、思った以上に作業の時間がかかってしまった……。

よく見ると、誤字もあるし……。

集中力がないな……。

そう思いたくなる瞬間は、誰もがあるものですが、自分を責めないでください。

というのも、人間の脳は、残念ながら20分程度しか1つのことに集中できないようにプログラムされているからです。

最初は集中できていたのに、時間の経過とともに〝時間がかかってしまう〟〝ミスをしてしまう〟のは当たり前というわけです。

なので、**集中力を維持するために、まず考えるべきは、この20分しか集中力が持たない脳の習性をどうやってコントロールするかということ。**

東京大学・池谷裕二教授の研究は参考になります。

池谷裕二教授が、株式会社ベネッセコーポレーションの『進研ゼミ中学講座』の協力のもとで行った研究です。

休憩を挟まずに60分間学習したグループと、15分ごとに5分の休憩を挟んだグループを比較すると、同じ60分の学習でも、休憩を挟んだグループの方がテスト（英単語）の点数が高かったというのです。


グラフとイラストをご覧ください。休憩を挟まなかったグループは40分を境に急激に、集中力と相関のある脳波（ガンマ波）が低下していることがわかります。

ここから、2つのことがわかります。


【集中力の真実】
・20分たつと、集中力が低下した状態になる。
・さらに40分を超えると一気に急降下する。

ちょっとした休憩の効果

この特徴がわかれば、やるべきことは明確です。

集中力を維持するためには、**積極的に小休憩を取るのが正解。**

小休憩とはいえ、ちょっと目を閉じて首を回すストレッチをしてみるだけでも効果があります。私もこの本を書きながら、タイミングを見計らって体をストレッチしてみたり、目を閉じてみたり、コーヒーを飲んだり、もう一度、最初から読み返してみたり、ひと呼吸置くようにしています。

実際にやってみてください。効果があることを実感するでしょう。

「まだ大丈夫」と思いながら、ひたすら作業をするのは避けるのが賢明です。

POINT

〝ぶっ通し〟で仕事をするより、小休憩を挟んだ方が集中力を維持できる。

02
CONCENTRATION HACKS

現代人の集中力を邪魔する「新たな敵」

スマホメディアは極限までハマるよう設計されている

「コカインを画面にばらまいているようなもの」
(無限スクロールの開発者エイザ・ラスキン)

スマホを何時間も見てしまうのはなぜ？

こんな話をよく聞きませんか。

「スマホを見る際は、時間を決めるようにしよう」と。

私は、できた人の話を聞いたことがありません。

時計、アラーム、時刻表、メール……日常の多くをスマホに頼っているからです。

でも、スマホを手放せない理由は、それだけではありません。

〝10分だけ〟と決意をしても、1時間、2時間とスマホを見てしまい、後悔することはないでしょうか。

実は、あるメカニズムを知らないと、いくら〝10分だけ〟と決意をしても守れません。

私たちは「アテンションエコノミーの被害者」だからです。

「アテンションエコノミー」とは、デジタル社会が到来した1997年にアメリカの社会学者マイケル・ゴールドハーバーによって提唱され広まった概念で、言葉の通り「消費者の関心を奪い合う経済」という意味です。

今、スマホメディア各社は、どれだけ私たちの可処分時間を奪うかの競争をしています。消費者にクリックをさせ、ページから離脱させないために、刺激的な写真、コピーで刺激を与え続けているのです。ちょっとだけのつもりが、気が付けば1時間も見ていたというのは、彼らのシナリオ（罠）にハマっているというわけです。

ショート動画の麻薬性

最近、ショート動画の「無限スクロール」の麻薬性が話題になっています。

縦長のショート動画を少し見るつもりが、気が付けば1時間、2時間とたってしまった経験はないでしょうか。

この先にいいことがあるかもしれない、そんな刺激が興奮を引き起こすアドレナリンを分泌させ「もっと、もっと」と、無限スクロールの餌食になってしまうと言われています。

もし、思い当たる節があるなら、開発者の声を知るといいでしょう。

実は「無限スクロール」の麻薬性については、開発者の1人であるエイザ・ラスキンが、次のように懸念を示しています。

「これほどの中毒性があるとは気が付いていなかった。(中略)スマートフォンの画面の裏側には、ハマりやすさを極限まで高めようとする技術者が文字通り1000人いる。**彼らは行動科学的なコカインを画面にばらまいているようなもので、何度も見たくなるようになるのはそのせいだ**」

こうなると、ちょっとした努力では抗えそうにありません。もはや、チョコレートの壁でできたお菓子の家の中で、ダイエットをしているようなもの。

でも、実は、対抗策はあります。スマホとうまく付き合えばいいのです。

この本では、彼らの術中にはハマらないテクニックも紹介します。

POINT

〝スマホを見ないでおこう〟はキレイごと。もはや、努力ではスマホの誘惑に勝てないことを理解しておく。

03
CONCENTRATION HACKS

集中力を鍛えれば、8時間の仕事が2時間で終わる

集中力が高まると生産性も人生の質も上がる

インディアナ大学の調査

集中力が高い人は、400%を超す生産性を上げている。

なぜ集中力を鍛える必要があるのか？

そもそも、なぜ集中力を鍛える必要があるのでしょう。私はこう考えます。

「集中力を鍛えることは、『人生の幸せをつかむパスポート』である」

ベストセラーになった『限りある時間の使い方』（オリバー・バークマン著、高橋璃子訳、かんき出版）にこのような意図の記述があります。「人生の時間は思った以上に短い。80歳まで生きたとしてもたかだか4000週間。ムダなことを効率的にやっている場合ではない」というのです。

賛同する声は多く、私もおおいに膝を打った1人です。でも、反論します。

「ムダなことをやめればいい？　職場で仕事をしていると、ムダに思うことでも、やらなくてはいけないことがある。上司からの指示や関係者との調整もあるぞ……」

実際、日本の組織で働いていると、自分都合ではできないことは多いもの。

それでも、「自由を手に入れるコツ」はあります。

それが、この本で紹介する「集中力」を高めることなのです。

集中力が高くなると生まれる効果

まず、集中力がある状態とは、どのような状態なのでしょう。

私はこう考えます。**気を散らさずに「一定期間」、特定のタスクに注意を注ぐこと、と。**

イメージとしては、周囲のことが気にならず、時間を忘れるくらいに没頭して、仕事がサクサク進んでいる状態です。


「集中力」を高めることは、仕事の生産性を高めるばかりか、人生の質をも高めることがわかっています。面白い研究を紹介しましょう。

２０１２年のインディアナ大学63万人の調査で、**集中力が高い人は、４００%を超す生産性を上げているといった調査結果**が出たというのです。

これは、８時間かかる仕事を2時間で済ませることができることを指しています。

実は、このことを私自身も実感しています。

白状すると、かつての私は残業三昧でした。周囲から心配されるほどに……。

でも、**集中力の高め方を覚えたことをきっかけに生活が一変。**

営業職時代、残業をしなくなりました。でも、全国1位の表彰を受けました。

今は、年間200回の研修に登壇しています。でも、朝はジムに行っています。

本を年5冊のペースで書いています。でも、YouTubeの更新をしています。

長期休暇はまとめて3週間取っています。家族と団らんし、一緒にゴルフにも行きます。

「ああ、忙しい」とネガティブな気持ちになった記憶は、あまりありません。

集中力を高めれば、誰もがそうなれる、それが、周囲から心配されるほどだった私の経験からくる確信です。

POINT

集中力を高めれば、忙しさから解放され、「やりたいこと」ができるようになる。

04
CONCENTRATION HACKS

「マルチタスクは効率的」はウソ

2つのことを同時にやろうとすると集中力は下がる

「マルチタスク」

ただタスクスイッチング(作業の切り替え)をしているだけのこと。ミスが増え、集中力が落ちる。

有名なピエロの実験

まず、**「2つのことを同時にはできない」**、このことを押さえておきましょう。

ウェスタン・ワシントン大学の実験は参考になります。

実験では、キャンパスの広場に一輪車に乗った派手なピエロを横切らせ、何割の人がピエロに気付くことができるのかを調査しました。

広場にいた350人の学生にヒアリングをしたところ、結果は次の通りに。

- 普通に歩いていた人　……　全員がピエロに気付いた。
- 携帯電話でおしゃべりをしていた人　……　8%しか気付かなかった。

携帯電話で話しているだけでも、ここまで注意力が落ちることに驚かされます。


では、あなた自身も実験してみませんか。

ハーバード大学の研究室が作成した動画でチェックができます。

ダニエル・シモンズ(Daniel Simons)博士のYouTubeで、「selective attention test」と

検索をしてみてください。

若者がエレベーターの前で、バスケットボールのパス回しをする映像が出てきます。まず、「白色のシャツを着た人は何回パスをしたか？」といった質問からスタート。さらに質問は続きますが、答えを言うとネタバレになるので、ここで止めます。

私は、パスの回数は答えられましたが、その後の質問には答えられませんでした。「やはり、自分も2つのことを同時にはできない」と自覚するには、最適な動画ですので、ぜひトライしてみてください。

マルチタスクはできない

マルチタスクこそが、効率を高める近道だと言う識者もいます。

でも、それは誤解。説明が不足しています。

マルチタスクをしているとは、ただ、タスクスイッチング（作業の切り替え）をしているだけのこと。後ほど説明しますが、われわれの脳は〝1つのこと〟しか処理できない構造になっています。

会議で意見交換をしながら、コソッとメール返信をした経験はないですか。

これは、「意見交換」のタスクを止め、「メール返信」にタスクスイッチングしているだけのこと。でも、さらに知るべきことがあります。

その時、メインタスクであったはずの意見交換への集中力が落ちてしまい、気を取られてしまった「メール返信」の文章には誤字が交ざる可能性が高くなるのです。

脳の構造上、迅速にタスクスイッチングができないためです。

たしかに作業は片付くでしょう。でも、時間の使い方は、正しくないことがわかります。

まず、「マルチタスクはできない」ことを押さえておきましょう。

その上で、マルチタスクへの注意点と対処法については、この本で紹介していきます。

POINT

「マルチタスク」になった瞬間、あなたの集中力は急激に下がる。

05
CONCENTRATION HACKS

「あれ、どこに置いた？」はなぜ起こる？

同時に処理できる情報は思った以上に少ない

「ワーキングメモリ」

記憶の作業台のこと。
置ける情報は、数字は平均5個、文字なら平均6個。

ワーキングメモリの限界を知る

どうしてマルチタスクによって、そこまで脳のパフォーマンスが低下するのでしょう。

それは、**脳の一部である「ワーキングメモリ」の限界を超えてしまうからです。**


ワーキングメモリとは、一時的に情報を置いておく「記憶の作業台」のこと。

イメージとしては、DIYをする際の「作業台」です。

ハンマーやネジ、ドライバーなどの道具は、手が届く作業台に出しっぱなしにしておきませんか。わざわざ遠くの倉庫まで取りに行かないでしょう。

何らかの作業をする際も一緒です。いちいち情報を長期記憶（倉庫）まで取りに行くと時間がかかってしまいます。

なので、ワーキングメモリに必要な情報を出しっぱなしにしておくわけです。


でも、ここで困ったことが起こります。

このワーキングメモリは、思った以上に「容量」が小さいということ。平均6個（数字は平均5個、文字なら平均6個）までしか、情報を置いておけないのです。

実験してみましょう。次の数字を覚えてください。

【第1問】1 4 1 4 2 1 3 5 6
【第2問】0 1 2 0 8 4 3 6 1 0

9個の数字と10個の数字。いかがでしょう。覚えられましたか？　私はできませんでした。

ワーキングメモリを広く使う方法

でも、これらの数字が語呂合わせと知れば、簡単に覚えられるはずです。

1 4 1 4 2 1 3 5 6は、$\sqrt{2}$の「一夜一夜に人見ごろ（ひとよひとよにひとみごろ）」。

0 1 2 0 8 4 3 6 1 0は、大阪発祥の車買取店のユーポスの電話番号「フリーダイヤル、はよみろワレ（早よ見ろワレ）」。

もう覚えられたのではないでしょうか。

これは、平均6個しか置けないワーキングメモリの容量の限界を突破するために、複数の情報を1個にまとめて、いわゆる「**チャンク（塊）**」にしたことで、覚えやすくなったからです。

マルチタスクをすることとは、狭い作業台（ワーキングメモリ）に、よりたくさんの情報を置こうとする行為です。実際には置けないため、結局は効率が落ちてしまいます。

まず、集中力を高めるためには、この「狭い作業台（ワーキングメモリ）」をうまく使うことが必須の要件。いろいろな方法がありますので、この後に紹介します。

POINT

ワーキングメモリは、思った以上に狭い。平均6個の情報しか覚えられない。

06
CONCENTRATION HACKS

集中力を高める〝3つのハック〟

エビデンスのある3つのハックで集中力UP

「習慣」「タスク」「環境」ハック

すべてやろうとせず、自分に合ったものを実践する。

理論だけでは実践できない

私は、生産性の高め方を指南する実践家です。

とはいえ、経験則や表面的な技法を紹介することをよしとはしません。

やはり、集中力に関する数多の書籍、論文を読み、エビデンスのある根拠に基づいたテクニックを、実践の場で活用する方法を紹介するのが使命です。

また、研究結果に基づいた話をそのまま実践しましょう、とも言いません。

「スマホをやめましょう」「邪魔されない環境をつくりましょう」というのは理論としては正しいものの、実践の現場では挫折すること間違いないでしょう。

第2章以降では、エビデンスもあり、かつ現実的なメソッドを紹介していきます。

具体的には、次の3つのハック（テクニック）を織り交ぜながら実践ハックを紹介します。

「**習慣ハック**」……ちょっとした日常の習慣が集中力を高める体質をつくります。すぐにできる集中力を高める習慣のハックを紹介します。

「**タスクハック**」……書類作成、大量のメール返信など、気が乗らないタスクもあるでしょう。やる気に左右されない集中力の保ち方を紹介します。

「**環境ハック**」……環境が集中力に影響するエビデンスはたくさんあります。その中から、すぐに実践で使えるハックを紹介します。

▼〝すべて〟をやらない

この本では、たくさんのハックを紹介します。

でも、全部をやらないでください。というのも、個人差があるからです。

例えば、ＢＧＭがあった方がはかどる人もいる一方で、無音の方が集中力が高まる人もいます。

オススメの方法は、**「これ、やってみようかな」と思うハックからやってみる**ことです。
こんな人にオススメ、と紹介しますので、参考にしてみてください。

優先順位をつけ、まずは1～3個やってみる。
やると決めたら、一定期間、やり続ける。
このほうが、あれこれとやるより、確実に集中力に変化が生まれます。
やることを絞るのも、集中力を高めるハックです。

POINT

個人差があるので、研究の成果を鵜呑みにしない。
あなたにフィットするハックを1～3個に絞って実践する。

COLUMN

1

集中力には「4つのモード」がある

集中力を高めると、生産性が400％も上がる研究があるとお伝えしました。その理由をわかりやすく説明できる研究があります。

インペリアル・カレッジ・ロンドンのロバート・リーチ教授らが発表した「4つの集中力」です。詳しくは、青砥瑞人著『4 Focus 脳が冴えわたる4つの集中』（KADOKAWA）に記述がありますので、この研究に興味がある方は、参照されることをオススメします。

集中力と言うと、「よそ見をしないで、1つのことに集中する」と思いがちですが、それだけでは生産性を上げるには不十分です。**次の4つの集中力のモードをうまく活かすことが生産性を高める近道になるのです。**

まずは、この4つの集中力について知っておきましょう。

まず、1つ目の集中モードが「**入門集中**」。
・目の前のタスクに集中することを指します。いわゆる一般的な集中。
・イメージは、「よそ見をしないで、1つのことに集中する」。

2つ目の集中モードが「**記銘集中**」。
・深く考えることに集中することを指します。
・イメージは、グッと深く考え、「問題解決策を探る」「本質を考える」「アイデアを引き出す」ような集中。

3つ目の集中モードが「**俯瞰集中**」。
・大局的にとらえ、「直感」を働かせる集中を指します。
・イメージは、「本をパラパラとめくり、一瞬で要点を把握する」「書類作成を依頼された際、一瞬で〝大事な点〟がわかる」ような集中。
・ベースになるのは、「記憶」と「経験」で、その分野でのある程度の熟練が必要です。

4つ目の集中モードが「**自在集中**」。

・ボーッと空想したり、自由に想像力を働かせている状態。

・イメージは、「サウナに入っている時、〝そうか〟と悩みの種が解決」「旅先で景色を眺めている時、〝そうか〟とアイデアがひらめく」ような集中。

この本では、最初のステップとなる「入門集中」のことを中心に触れていきます。

とはいえ、「記銘集中」「俯瞰集中」「自在集中」の使い方を知っておくことで、さらに生産性を向上させることができますので、これらの集中力についての実践方法もコラムで触れていきます。

第2章

IQアップ！脳の集中力を高める「習慣ハック」

07
CONCENTRATION HACKS

行動レベルまで「ゴール」を具体化する

タスクを1つ完了させたら
ドミノ倒しのように次のタスクへ

行動1
月曜、業界情報をネットで調べる
行動2
火曜、ネットにない情報を先輩に教えてもらう
⋮

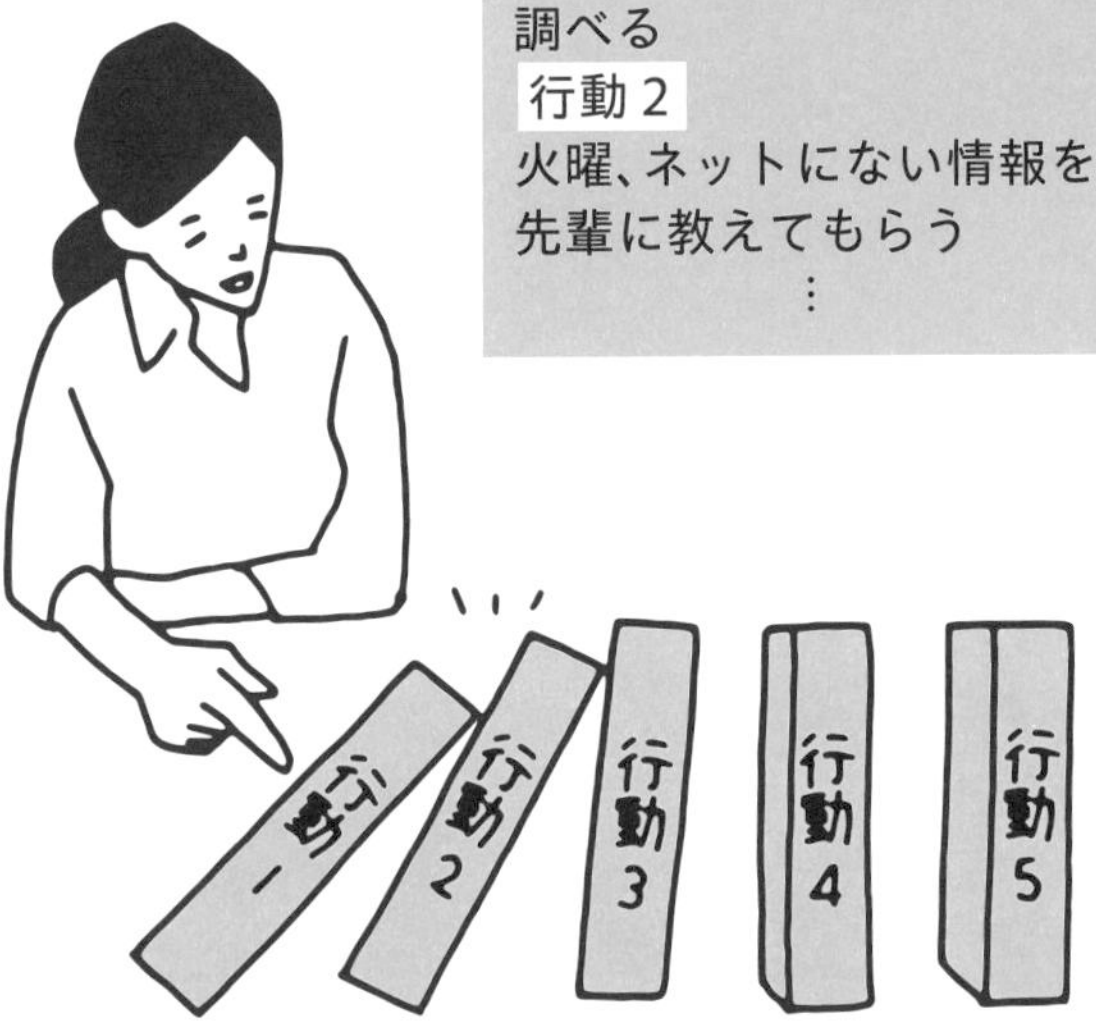

ニューヨーク大学の研究

「いつ、何を行うか」を事前に計画すれば、
目標達成（完遂）率が40%上がる。

どんなタスクでも、〝中だるみ〟は起こります。

対策は、「いつ、何をするのか」を明確にしてから着手すること。

そうすることで、あたかもドミノ倒しのように、次々とタスクを処理できるようになります。

「曖昧な目標」より「具体的な目標」

アメリカの心理学者ロックが提唱した「目標設定理論」は参考になります。

この研究では、**〝ベストを尽くせ〟といった「曖昧な目標」より、「具体的な目標」を設定した方が、難易度の高いことでも完遂できる**ことが確認されているのです。


例えば、30ページ分の分厚い企画書を作成するとしましょう。

なかなかの重労働です。気を抜くと、締め切りまでに間に合わないかもしれません。

さて、次のAさん、Bさんのどちらが、確実に仕上げられると思いますか?

Aさん：「今週中に終える」と期限を明確にした上で、着手する。

Bさん：月曜、業界の情報をネットで調べる。
火曜、ネットでは得られない情報を先輩に教えてもらう。
水曜、作成に着手。15ページを完了させる。
木曜、残りの15ページを作成。
金曜、確認をした後、お客様にメールを送る。
と決めてから着手する。

この場合、正解はBさんというわけです。

「いつ」「何を行うか」を決める

ニューヨーク大学の心理学者、ピーター・ゴルヴィツァー教授は、**行動レベルで「いつ、**

何を行うか」を事前に計画すれば、目標達成（完遂）率が40％も上がるとの発表をしています。

「月曜にネットで調べ」たら、すぐに「先輩に教えを乞う」。「教えを乞う」たら、すぐに「企画書の作成に着手」。

このように、1つのタスクを完了させた瞬間、「次に何をしよう」と考えずとも、ドミノ倒しのように、次のタスクにすぐさま着手できるようになるからです。

まず、普段からアクションを起こす前に、「いつ」までに達成するのかを決めるのはもちろん、「何をする」といった実行レベルまで決めてみましょう。

POINT

着手する前に「いつ」「何をする」まで決めれば、達成率が上がる。

08
CONCENTRATION HACKS

どんな時でもシングルタスクを徹底する

マルチタスクはむしろ効率が悪い

「コルチゾール」

ストレスホルモン。
マルチタスクをするとミスの確率が
高くなるだけでなく、この分泌が促される。

「聞いているようで、聞いていない」のメカニズム

会議で話を聞きながら、チラチラとメールをチェック……。
資料を作成しながら、今日の予定の確認……。
忙しい時、つい同時並行でやってしまうことはないでしょうか。
だとしたら、注意が必要です。

テキパキとこなしているようで、むしろ効率が悪い仕事の仕方の典型であることを理解しておきましょう。
われわれの脳は、ワーキングメモリの容量が小さいため、「1つのこと」しかできない仕様になっています。そのため、同時に2つのことをすると、キャパオーバーになり、次の状態に陥ることが検証で得られているのです。

- **ミスの確率が高くなる。**
- **仕入れた情報を活かす能力（「知識の転移」と言われる）が低下してしまう。**

たしかに、会議でメールをチラチラとチェックしている途中で、司会者から「疑問点はありますか」と聞かれても、「今は大丈夫」と返事をするくらいはできるでしょう。

でも、「どのように現場で活かせそうですか？　２つくらい、アイデアをもらっていいですか？」と求められたら、とても対応できないでしょう。

これこそが、集中できていない証拠なのです。

だからこそ、しっかりと集中するためには、同時並行でやりたくなる衝動を抑えて、「シングルタスク」を徹底させることが必要になります。

白状しますと、こんなことがあったばかりです。

朝食をつくりながら、音声（オーディオブック）で日経新聞のニュースを聞いていた時、私のお客様のニュースが流れてきたのです。無意識だったのですが、そのニュースに集中してしまったのでしょう。焼いていた魚が丸焦げになってしまいました。

マルチタスクをするとイライラしやすい

もう1つ付け加えると、**複数のことを同時に処理すると、ネガティブな感情になることもわかっています。**

ストレスホルモンである「コルチゾール」の分泌が促されるためです。

リモートワークで、子供が騒ぎ出したらどうでしょう。穏やかではいられないはずです。識者の中には、「邪魔されない環境で仕事をしましょう」と言う人もいます。

たしかに一理ありますが、日本の住環境では、限界があるのが現実ではないでしょうか。だとしたら、騒いだ時は、「いったん作業を止めて休憩をする」とした方が、得策というわけです。

POINT

集中して仕事をしたい時は、同時並行でタスク処理をしないと決めておく。

09
CONCENTRATION HACKS

「タスクスイッチング」の誘惑に負けない

「タスクスイッチング」を絶対に、しないと決める

あのメール
どうなったっけ・・・
机も
片付けないと・・・

南カリフォルニア大学の研究

気を取られるのは0.1秒、もとに戻るのに23分かかる。

▼「少しだけ」の誘惑

私たちは、次のようにふとした刺激に反応してしまうことが少なくありません。
「PC操作をしている際、デスクの散らかりが気になり、**少しだけ**掃除」
「資料を作成していたら、途中でメールが気になり、**少しだけ**チェック」

南カリフォルニア大学の研究では、
気を取られるのは、たった0.1秒。
しかし、**もとの集中力に戻るのに23分はかかる**との検証が得られています。

だとしたら、私の提案はこうです。
可能な限り、タスクスイッチングを避けてください。

2017年のアカデミー賞授賞式における珍騒動は、まさにタスクスイッチングの危険性を示唆してくれています。

その時、選ばれた作品賞は「ラ・ラ・ランド」でした。

会場は拍手に包まれ、関係者全員がステージに。

鳴りやまぬ拍手の中、監督や出演者が壇上で表彰を受け、喜びと感謝のスピーチを順番に語っている、まさに感動のひと時に珍事件が発生したのです。

ステージ上が、少しざわつき始めた瞬間、司会者が慌てながら、こう言ったのです。

「ラ・ラ・ランドではなく、ムーンライトです。ベスト映画はムーンライト。間違いでした」

場内は騒然。

歴史に残る珍事件として記憶されました。

ツイッターも立派なタスクスイッチング

その後の調査でわかったのは、作品賞の書かれた封筒を司会へ渡す人が、舞台裏でタスクスイッチングをしていたことでした。
封筒を渡す人が、渡す直前までツイッターに投稿をしていたことが判明したのです。
ことの顛末はこうです。

・授賞式の様子をツイッターに投稿。
・その途中で、封筒を手渡す作業を実施。
・すると、違う封筒を渡してしまった。

封筒を間違えずに渡すくらいなら、子供でもできるはずです。
でも、直前までツイッターをしていたので、タスクスイッチングがうまくできなかったということなのです（この珍事件はYouTubeでも公開されています）。

POINT

「少しだけ」を封印。タスクスイッチングしないと決める。

10
CONCENTRATION HACKS

何かに気が散るなら紙に書き出す

「あ、そうだ」の煩悩を打ち消す

「パーキングロット」

作業に関係ないことが頭をよぎったら紙に書き出して
タスクスイッチングを防ぐ方法。

1枚の紙キレで集中力が途切れない

修行を極める僧侶でも、常に煩悩が浮かぶと言います。煩悩が浮かんだ時、警策《きょうさく》という板状の棒で、パーンと打ってもらうことで気持ちを整えるそうです。

でも、われわれは、上司に警策で打ってもらうわけにはいきません。

そこで、紹介したいのが、**「パーキングロット」を使って気持ちを整える方法**です。

パーキングロットを説明します。

これは駐車場を意味する言葉なのですが、実は、会議で使うテクニックです。議題とはズレていながらも、無視するにはもったいない意見が上がった際、ホワイトボードに書き留めておくテクニックのことをパーキングロットと言います。

この手法を個人の作業に応用するのです。

作業をしている際に、「あ、そうだ。あの会社にメールを送らなきゃ」など、集中力が途切れたタイミングで、作業に関係ないことが頭をよぎることがあるでしょう。

その際、メモに書き留めておくという方法です。紙キレでもＯＫ。

そうすることで、メールの文面をどうしようかな……など、「今、ココ」で考えなくて済むので、集中力を途切れさせずに済むというわけです。


私も、しょっちゅう別のことが頭をよぎりますので、その都度、いつも携帯しているスケジュール帳にすぐに書くようにしています。手帳がパーキングロット（駐車場）になっているわけです。

いかに「ちょっとくらいなら」とタスクスイッチングをさせないかが、集中力をキープする試金石なのです。

煩悩は思った以上に手ごわい

そもそも、煩悩は理性で封じ込められないのでしょうか。

結論は、「生きている限りムリ」。

学習心理学によると、われわれは、「未来」より「今」の方により価値を感じる習性があるそうです。これは**「遅延による価値割引」と言われる心理効果で、先のことであればあるほど、価値が目減りする心理**のこと。

つまり、「後で、メールを返信する」より「今、メールを返信すること」の方が、価値があるように感じてしまうのは、われわれの本能的な習性というわけです。

だったら、この習性を利用し、「今、メモ（パーキングロット）に書き留めておく」ことを価値ある選択にしておけばいいわけです。

私もそうしています。やってみると、手ごわい誘惑に克てることを実感しています。

POINT

作業に関係ないことが頭をよぎっても、メモに書き留めておけば集中力はキープできる。

11
CONCENTRATION HACKS

似ているタスクはまとめて行う

作業は「ひとかたまり」にする

タスクスイッチングのストレス

ひとかたまりにすることで「あれもこれもやらないと」のストレスから解放される。

タスク処理は、「一筆書き」のように

マルチタスクは、集中力を急激に下げるとお伝えしました。

そのため、集中力を維持する鍵はタスクを順番に処理することなのですが、その際にも、集中力をより高めるセオリーがあるのです。

それが、「似ているタスクはまとめて行う」です。

1日を振り返ると、似たようなタスクをバラバラにしていることはないでしょうか。

例えば、メールの作業もその1つ。受信トレイをチェックすると、いくつかのメールが入っているとしましょう。その際、メールを確認するだけではなく「まとめて次の作業まで行う」のです。例えば、こんな感じ。

・メールをチェックする。

・すぐに返せるものは、その場で返す。

・スケジュール調整が必要なら、その場で調整をし、すぐに返信する。
・すぐの返信が難しいなら、その場で忘れないようにスケジュールに記載しておく。

このように**「ひとかたまり」にして、一筆書きを描くようにタスクをこなしていくのです**。そうすることで、「あれもこれもやらないといけない」といった、タスクスイッチングのストレスから解放されます。

ひとかたまりにできる仕事例

続けて、例を紹介します。会議を終える際には、次のように使えます。

・会議が終了する。
・終了するタイミングで、次の会議の日程をその場で決める。
・その瞬間に、会議室の予約を済ませる。
・会議終了後、すぐに議事録を作成し、「議事録」「次の会議室の案内」をメールで配信。

営業でも使えます。お客様と商談を日常的に行うわけですが、「ひとかたまり」にすると、さらに集中力を高めることができます。

・商談後、お客様の社屋から道路に出る。
・道路に出た瞬間、スマートフォンでお客様へお礼のメールを送る。
・さらに、その場で、社内への報告をスマートフォンから送る。

いかがでしょう。これらの作業をバラバラに行うと「あれはどうなっていたっけ……」など、思い出しながら作業に着手することにもなり、余計なエネルギーを使ってしまいます。
ぜひ、「ひとかたまり」で済ませることを習慣にしてみてください。

POINT

似たような作業をバラバラに行うと、余計なエネルギーを使ってしまう。まとめて済ませることで、集中力を高めることができる。

12
CONCENTRATION HACKS

どうしてもマルチタスクをしたければ「熟達」または「チェック表」

ワーキングメモリを使わなければマルチタスクはできる

「工程チェック表」

書き留めておくことでワーキングメモリを解放できる。

13 人の注文を同時にさばく時の「頭の中」

マルチタスクは徹底して排除しましょう、ということをお伝えしてきました。

でも、これだけでは説明がつかないことがあります。


かつて、私の母親は喫茶店を営んでおりました。

今でも覚えているシーンがあります。バラバラの13人分の注文を、1人でさばいていたのです。

オムライスを炒めながら、もう1つのフライパンでパスタを炒め、後ろのトースターでトーストを焼き、同時並行で、コーヒーを淹れながら、さらに注文を受ける……。

まさにマルチ（複数）タスクをしていました。


実は、マルチタスクが許される、ただ1つの条件があるのです。

それは、「**無意識にできるまで熟達すること**」。

無意識にできるまで熟達すれば、マルチタスクの方が生産性向上につながります。

説明します。

この無意識にできる時、**何も考えていないボーッとしている時の状態は、いわゆるDMN（デフォルト・モード・ネットワーク）に入っています。**

ワーキングメモリをほぼ使っていない状況と考えると、わかりやすいでしょう。

自動車の運転もそう。

クラッチを踏んで、シフトレバーを動かしながら、ハンドルを回す……。

最初は曲芸のように感じる複雑な操作でも、慣れてくると、無意識に運転できるようになるでしょう。この状態であれば、マルチタスクもOKというわけです。

「工程チェック表」を使いこなす

私は、かつて求人広告の営業に携わっていました。

締め切り直前になると、一文字のミスも許されない状況で、原稿を作成し、他のお客様に確認を取る、同時並行して、他のお客様の申込書（契約書）を登録係に提出する、といったことを日常的にやっていました。まさにマルチタスクですが、入社したての新人もできていました。

「工程チェック表」があったからです。

「何が、どこまで済んでいる」のかを書き留めておくことで、覚えておく必要がなくなり、ワーキングメモリを解放することができます（パーキングロットと同じ考え方です）。

そうすることで、熟達せずとも、熟練の技術が不要なタスクの場合、マルチタスクが可能になるのです。

締め切り間際など、どうしても、マルチタスクを〝やらねばならない〟時もあるでしょう。その時は「工程チェック」表を用意する作戦も有効です。

POINT

基本ルールはマルチタスク禁止。ただ、熟達しているタスクの場合は例外。熟達していなくても、工程チェックができれば対応はできる。

13
CONCENTRATION HACKS

エネルギーを大事にしたいなら夜より朝に回す

朝の方が生産性が上がるのは本当だった！

「エネルギー予算」

エネルギーの量は予算と同じ。
「意志(エネルギー)」を消耗していない朝なら集中できる。

▼「エネルギー予算」という考え方

サウスダコタ大学の行動経済学者X・T・ワンと心理学者のロバート・ドボルザークによって提唱された「エネルギー予算」という考え方は、より集中力を高めるヒントを与えてくれます。考え方は次の通り。

・集中力の源となるエネルギー（意志の強さ）の量は、予算と一緒。
・なので、エネルギーがある時は、フルスロットルで集中して作業できる。
・しかし、疲れてきたら、お金を節約するように節約モードに入ってしまう。

だとしたら、より集中力の高い状態で仕事をするなら、〝いつ〟がいいのでしょう。

1日の中でまだ、「意志（エネルギー）」を消耗していない「朝」が最適、というわけです。

私もそうしています。やはり、夜より、朝。

ちなみに、この執筆をしているのは、朝の4時45分。「よし、明日は集中して執筆をしよう」と決め、前日は21時に就寝しました。いつもより早く起きて、執筆しています。

実際、早朝だと、他に何の作業もしていませんので「意志（エネルギー）」は満タン。今なお、ＢＧＭをかけることなく、無音の中で没頭して書き続けています。


朝が苦手なら、早朝でなくてもＯＫです。

「意志（エネルギー）」を消耗していない、**〝午前中〟に集中したい作業をするといいでしょう。**

伊藤忠商事の奇跡

伊藤忠商事のホームページに奇跡のような情報が載っています。

２０１３年に朝型勤務を取り入れたことで、**生産性が５．２倍（２０１０～２０２１年）**になったというのです。聞いたことのない数字です。

さらに、日経ビジネス（２０２２．10）の記事にも、伊藤忠商事の奇跡が載っていました。

「朝型」を取り入れたことで、**１人の女性が何人の子供を産むのかを示す「合計特殊出生**

率」が、2005年は0.67倍だったものが、2021年は1.97倍に急進した、というのです。

《伊藤忠商事の朝型勤務の概要》※ホームページ参考
・20〜22時の勤務は「原則禁止」、22〜5時は「禁止」。残務は翌日朝へシフト。
5：00〜8：00が朝型勤務の推奨時間。
・7：50以前に勤務を開始した場合は、深夜勤務と同様の割増賃金（25％）を支給。

まさに、生産性を高めたからこその結果でしょう。
たしかに、「朝型」を実践すると、ケタ違いの集中力を維持できることに驚かされるものです。ぜひ、トライしてみてください。

POINT

「意志（エネルギー）」は予算と一緒。集中したいなら、たくさんの予算がある「朝」がオススメ。

14
CONCENTRATION HACKS

自分の〝ベストタイム〟に処理をする

クロノタイプに合わせると集中力が向上する

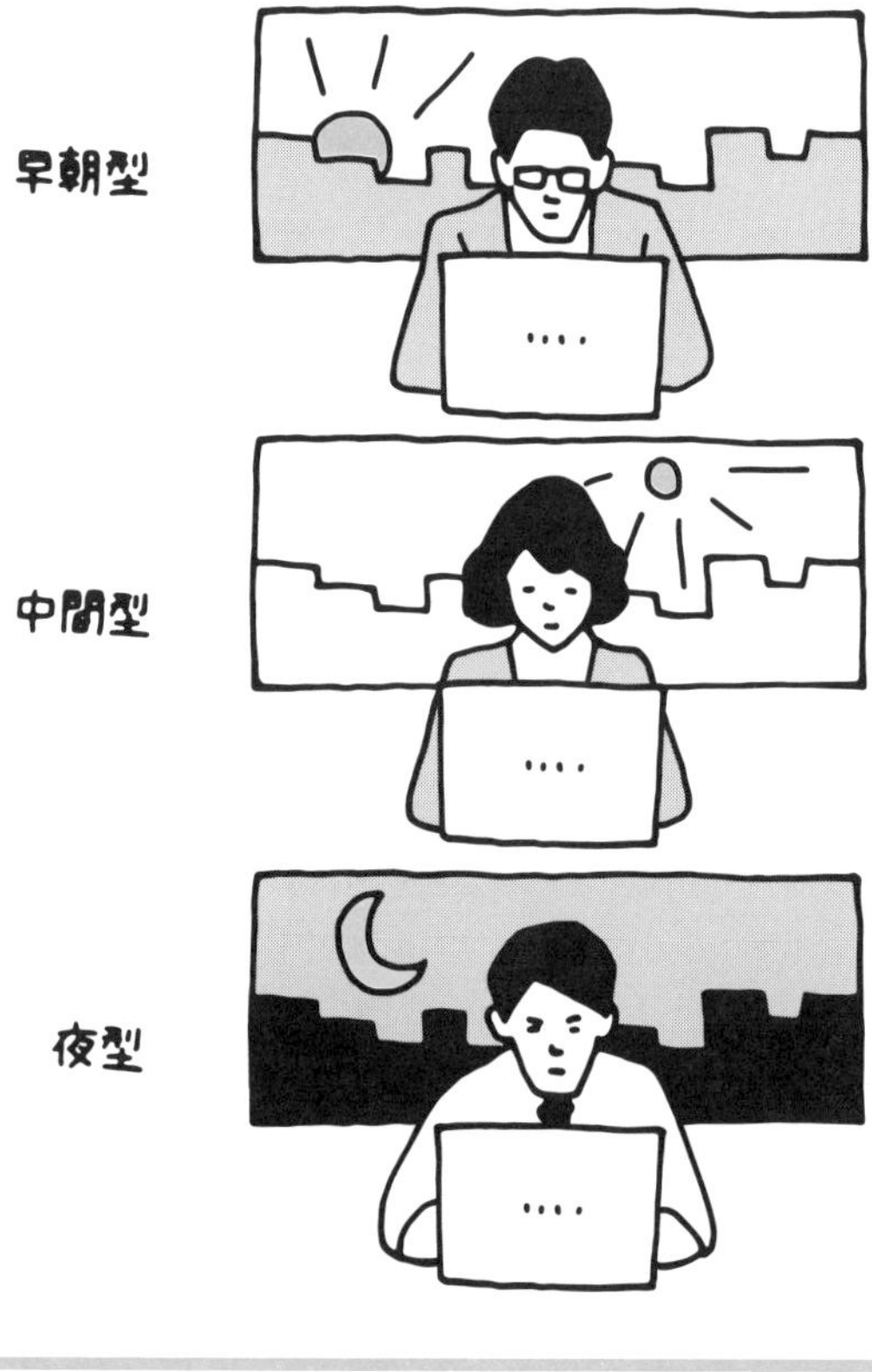

「クロノタイプ」

朝型か夜型かの個人差のこと。作業の時間とクロノタイプを合わせることでパフォーマンスを向上させる。

「夜型」か「朝型」かは個人差がある

先ほど「朝」の方が集中できるとお伝えしました。

でも、実は個人差があります。

集中力を維持する上で、大事なことは、自分が「朝型」なのか「夜型」なのかを把握することです。その上で、残務がある場合、「翌朝に回した方がいい」のか「むしろ、このままやり続けた方」がいいのか、自分のガイドラインを持つことが大切です。

年齢によっても変化するのはたしかですが、実は、朝型か夜型かを決めるのは遺伝子が関係しています。この個人差を「**クロノタイプ**」と言います。

東京医科大学のホームページに興味深い研究論文が紹介されています。

- 朝型の人は、就寝時間が遅いと、生産性が低下する。
- 夜型の人は、起床時間が早いと、生産性が低下する。

さらに、こんな記述も。

・朝型の人が、「夜間勤務」を行ったり、夜型の人が、「早朝勤務」を行うような、クロノタイプに反した就労などを行うと、発がんリスクの上昇や死亡率の上昇など、様々な健康上の問題が生じる。

「午前中の生産性が高い」「時間管理が得意」という人は朝型ですし、「夕方からエンジンがかかる」「集中力が夜になっても持続する」ということであれば、夜型と考えるといいでしょう。

あなたはどっち？

『When 完璧なタイミングを科学する』（ダニエル・ピンク著、勝間和代訳、講談社）に参考になる研究が載っています。時間生物学者のマーサ・メロー、ティル・レネベルクの研究です。

・早朝型は、14％（休日の睡眠時間の中間時間が、0時から3時半）
・中間型は、65％（休日の睡眠時間の中間時間が、3時半から6時）
・夜型は、21％（休日の睡眠時間の中間時間が、6時以降）

まずは、あなたがどのクロノタイプなのかを知り、残務を「翌朝に回す」のか、「そのままやり続けるのか」の判断にしてもいいでしょう。

一方で、遺伝に次いで影響を受けるのが年齢です。年齢を経るに従い、早朝型が増えるため、自分の年齢に応じて調整するのもいいでしょう。

作業の時間とクロノタイプを合わせることを「同時的効果」と言います。

集中できない時は、ムリにがんばるだけではなく、むしろ自分のベストタイムを意識するといいでしょう。私は、あえて朝に回すようにしています。

POINT

「朝型」「夜型」は遺伝子レベルで決まっている。自分のタイプを把握し、「残務」をいつするかを決めるのは、パフォーマンスを高める鍵にもなる。

15
CONCENTRATION HACKS

ひとまず7時間睡眠を目指す

6時間の睡眠では
集中力マックスにならない

ワシントン州立大学の研究

6時間以下の睡眠が続くと酔っ払い状態に。
ただし個人差はある。

睡眠不足は、酔っ払い状態と一緒？

スタンフォード大学の心理学者ケリー・マクゴニガルは『スタンフォードの自分を変える教室』（神崎朗子訳、大和書房）でこのように言っています。

「6時間未満の睡眠が脳を弱くする」と。

たしかに、睡眠不足が集中力を削ぐことは、われわれも実感しているはず。では、どのくらい睡眠を取ればいいのでしょう。

アメリカ睡眠医学会は、1日7時間以上の睡眠を推奨しています。

さらに、この説を実証する面白い研究も紹介しましょう。

睡眠とパフォーマンスの相関を研究する専門家、ワシントン州立大学のハンス・ファン・ドンゲン教授の研究は、ドキッとさせられます。

・まず、3つのグループ（群）をつくる。
（睡眠時間が「8時間の群」・「6時間の群」・「4時間の群」）
・14日間、普通に生活した後に、ワーキングメモリの活性度を測定。
↓4時間睡眠群のワーキングメモリ能力……2日徹夜した人と同程度に低下。

↓6時間睡眠群のワーキングメモリ能力……1日徹夜した人と同程度に低下。


これが、睡眠不足が酔っ払い状態のようなもの、と言われる所以です。

個人差もある

でも、「7時間も寝られない」という体質の人もいるはずです。

厚労省のホームページには、救いとなる情報が示されています。

「睡眠時間には個人差があります。日中に不調が出るのが問題」というものです。

なので、7時間睡眠にトライしながらも、目覚ましに起こされずに6時間睡眠でも**スッ**

キリしているのであれば、気にしない方がいいでしょう。目覚ましの音とともにムリやり起床し、なんとなく体が重いようであれば見なおすべき、ということです。

とはいえ、厚労省の調べでは、実に成人の30~40%（3人に1人）が何らかの不眠症状を抱えていると言います。次のように、いくつかの対策はあります。

- パワーナップ……15~30分の昼寝のこと。集中力が回復する効果が示されています。
- 睡眠の儀式を持つ……「入浴」「運動する」ことも睡眠の効果が示されています。

私の場合、夜の21時に寝ると決めた日は、「スポーツジム」に行きます。特に夕方以降のトレーニングは、睡眠に優位に働くとの研究も。寝られない人には、心からオススメしたい方法です。

POINT

まずは、7時間睡眠を目指す（個人差があるので、あくまでも目安）。

16
CONCENTRATION HACKS

呼吸の「吐き方」を少し変える

ゆっくり呼吸し、心拍変動を起こす

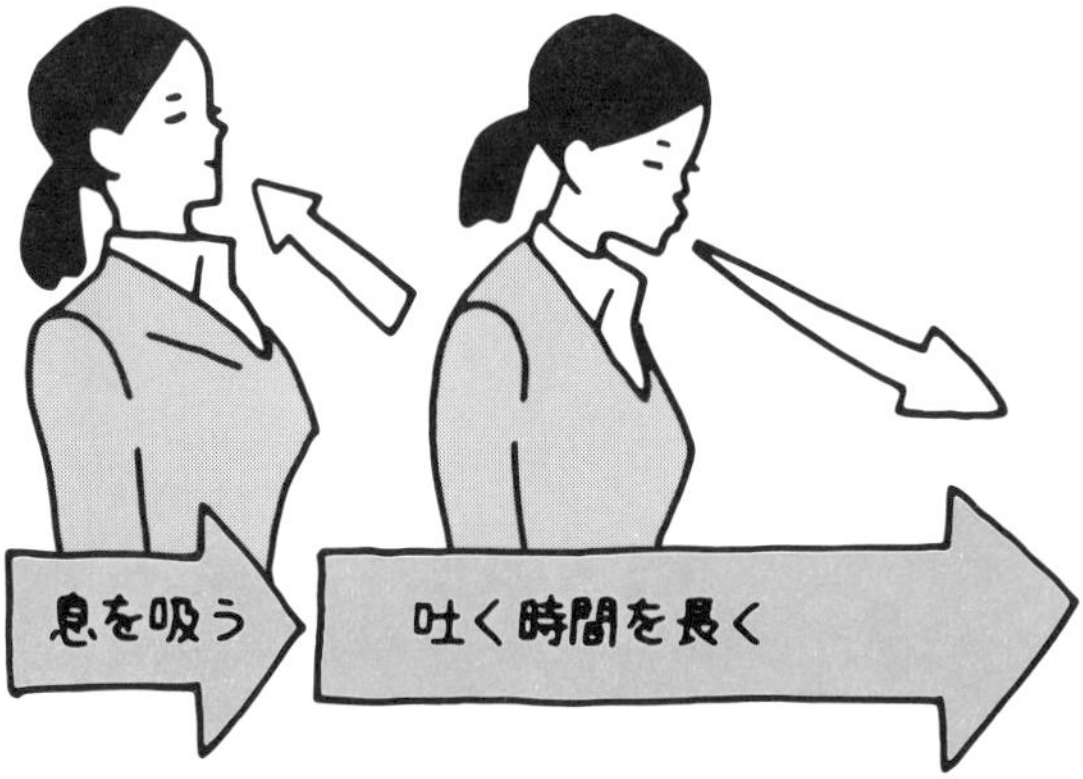

兵庫医科大学の研究

息を吸う瞬間だけは、集中力が途切れてしまう。

集中力は、「心拍変動」でも決まる

私が経験則的に高い効果を感じている、超簡単な「どこでも」「すぐに」できる集中力向上の方法を紹介します。

これだけでも、集中力がグッと上がります。**「呼吸する時、吐く時間を長くする」です。**

マッコリー大学の研究では、集中力を高める鍵に、心臓の「心拍変動（心拍間隔の変動のこと）」があると示唆しています。

他にも、スタンフォード大学のケリー・マクゴニガルもこう言っています。

・呼吸を1分間に4〜6回、ゆっくり10〜15秒のペースで行う。
・すると、前頭前皮質が活性化し、心拍変動が上昇する。

呼吸を味方につけるポイント

呼吸と集中力の関係は、これだけで終わりません。

私は、**「吐く時間を長くする」**と言いました。

「吸う」ではなく、「吐く」。私の経験則でも「吸う」時よりも、「ゆっくり、長く吐く」時、目の前のことに集中できることを実感していました。

これも、研究で実証されています。

兵庫医科大学生理学の研究チームが、「ヒトの脳活動」を3Dで撮像できるfMRI（機能的磁気共鳴画像法）で検証したところ、息を吸う瞬間に集中力・注意力が途切れてしまうことがわかったのです。

つまり、マッコリー大学、スタンフォード大学、兵庫医科大学の研究をまとめると、次のことが言えます。

・心拍変動を起こせば、集中力が高まる。
・心拍変動は、「ゆっくりと呼吸する」だけでも高まる。
・「吸う」時ではなく、「吐く」時に集中力を高める鍵がある。

先ほど、求人広告の営業をしていた際、マルチタスクを行っていたとお伝えしました。締め切りに追われる中、息をゆっくりと吐きながら行うと、いつもの3~4倍のスピードで動作をしているものの、感覚としては〝周囲がゆっくり〟と見えるようになることを実感したものです。

今も、忙しさのため心が落ち着かない時は、ゆっくりと息を吐いています。

ぜひ、やってみてください。今ここでも、その効果を感じていただけるはずです。

POINT

ゆっくりと息を吐くだけで、心が落ち着き、集中力が増す。

17
CONCENTRATION HACKS

「いつも同じ」が、高い集中力を生む

「判断疲れ」が集中力を低下させる

レスター大学の研究

大人は、１日約３万５０００回の判断をしている。

▼「判断疲れ」は侮れない

ところで、あなたは1日に何回、食事に関する判断をしていますか。

多くても20回……と思いたくなりますが、コーネル大学の研究者によると、毎日226.7回の決定をしていると言います。

何を食べる? 何を飲む? どのグラスにする? どのくらい注ぐ? ストローは? どの場所で? テーブルのどこに置く?

このように、気付かない無意識の判断を常に繰り返しているのです。

さらに、レスター大学の研究では、大人は毎日約3万5000回の判断をしているというのですから、どれだけ脳ががんばってくれているかがわかります。

さて、ここで注意しておくべきことがあります。**これらの無意識の「判断」の繰り返し**

が、脳を疲れさせるという事実です。

フロリダ州立大学のロイ・バウマイスター博士の「意志力」の説に答えがあります。

- **「意志力」は、判断をするほどに低下**する。
- なぜなら、**判断をするほどに「判断疲れ」を起こすから。**
- ゆえに、**「意志力」を温存するのであれば、判断の回数を減らすべき。**

つまり、意志力はあたかも筋肉のように、使えば使うほど消耗するというわけです。

「いつも同じ」の法則

ゆえに、**集中力を維持したいなら、日常生活においても「判断の回数」を減らすことです。**

スティーブ・ジョブズ、マーク・ザッカーバーグが、いつも同じ色のTシャツを着ていたのも、着る服の判断をすることを避けるためです。

では、どうすればよいのか。

まず、「判断」の回数を減らすことにこだわってください。

その上で、**あなたなりの「いつも同じ」をつくればOKです。**

私は仕事柄、ネクタイをするのですが、先方様のコーポレートカラーに合わせるので、色に迷いません。移動は常に小ぶりのキャリーケース。玄関に置いており、外出する際は、そのまま出発。どの仕事でも対応できるグッズが収まっていますので、忘れっぽい私でも、忘れ物をしません。作成する資料のレイアウトも基本は一緒です。

でも、このままマネをしないでください。

「いつも同じ」には、価値観やライフスタイルがおおいに反映されるからです。なので、あなたの価値観、ライフスタイルに合わせて「いつも同じ」の法則を考えてみることをオススメします。

POINT

判断疲れを起こさないために「いつも同じ」の法則で考える。

18
CONCENTRATION HACKS

「糖」をひとつぶ口に入れる

ほんの少しの糖を体に入れると、集中力が回復

フロリダ州立大学の研究

甘味料では自己コントロール力が回復しないが、
糖なら回復する。

▼「糖」は、集中力を高めるサプリ

「ラムネ」を食べたら、集中力が回復する、こんな話を聞いたことがないでしょうか。

これは、「ラムネ」はブドウ糖でできており、その糖の作用によって集中力が回復する効果があるからです。低血糖な状態のままでは、やはり集中力は低下します。

私は完全な糖質オフを行ったことがありましたが、夕方になると、何もする気がしなくなるくらいに思考力の低下を感じ、完全な糖質オフはやめました。


集中力を高めたい時は、ほんの少しの糖を体に入れるだけで効果があります。

もちろん、ラムネでなくても構いません。低血糖な食材でも効果はてきめん。

私は、はちみつよりは低血糖なマヌカハニー（はちみつの一種）をほんの少し摂取しています（〝のどにもいい〟とうたわれているため）。

フロリダ州立大学の心理学者、マシュー・ゲイリオットの次の研究を知れば、これらが迷信ではないことに確信が持てるでしょう。

・グループを2つに分ける。
（「A：レモネード（加糖）を飲むグループ」「B：レモネード（甘味料）を飲むグループ」）
・「自己コントロール力」の実験を数回行う。
・すると、「B：甘味料」のグループは、2回目の実験でのスコアが悪化。
調べると、1回目の実験でエネルギーを消耗していたことが判明。エネルギーが消耗した理由は、血糖値が下がっていたこと。
・そこで、今度は血糖値を上げるべく、自己コントロール力が低下してしまった「B：甘味料」のグループに、加糖のレモネードを飲んでもらう。
・すると、自己コントロール力が回復。

糖は〝ひとつぶ〟だけでもいい、空腹はNG

さらに、先ほど紹介した「エネルギー予算」を提唱するサウスダコタ大学のX・T・ワンと心理学者のロバート・ドボルザークも同様の実験をしていました。

「血糖値の絶対値ではなく、**血糖値が〝増えているのか〟〝減っているのか〟、変化の方向**

が、自己コントロール力に影響を与える」といった研究を発表したのです。

つまり、糖をたくさん摂取する必要はなく、甘いものを〝ひとつぶ〟口にすれば、集中力が上がるというわけです。

「空腹」を解消することでも、集中力アップの効果を見込めます。

空腹時は、血糖値が下がっていますので、「ナッツ」を摂取するだけでも集中力は回復すると言われています。

空腹のままがんばってしまう、カロリーゼロの飲料しか飲まない、ダイエット中なので甘いものはガマン、ということであれば、集中力を高めたい時は、戦略として「血糖値を少しだけ上昇させる」方法も加えておくといいでしょう。

POINT

ほんの〝ひとつぶ〟の甘いものを摂取するだけでも集中力は回復する。また、空腹のままでは集中できない。

COLUMN

2

読んだ本の内容を「忘れる人」と「忘れない人」の違い（記銘集中）

あなたには、こんな悩みはありませんか。

・読んだ本の内容、資料の内容を忘れがち。
・人から聞いた話も忘れがち。
・たまに、約束の時間すら忘れてしまう。

だとしたら、深く考えることに集中する「記銘集中」モードを使っていない可能性があります。

実は、「入門集中」でいくら集中しても、記憶として定着させるには不十分なのです。記憶を定着させるには、「入門集中」で取り入れた情報を〝取り出し〟ながら、深く考えるプロセスが不可欠ということは、あまり知られていません。

ちなみに、この〝取り出し〟ながら深く考えることを「**リトリーバル学習**」と言います。

つまり、効率的に記憶を定着できる人とそうでない人の差は、このリトリーバル学習をしているかどうか、なのです。


では、読んだ本を記憶するプロセスで説明しましょう。

まずは、邪魔の入らない環境で、「入門集中」をして読んだ本の内容を記憶するとしましょう。次のようにリトリーバル学習を行いながら、「記銘集中」で記憶に定着させていきます。

「筆者はこう言っているけど、本当にそうなのかな……自分なりに整理してみよう」

「この本のあのメソッドを、自分の仕事に活かす方法はないかな？」

など、このように自分なりに考えるプロセスが記憶力を高めるのです。

もし、読んだ本の内容を覚えていないということがあれば、読み流してしまっている可能性が高そうです。

私もこの方法を取り入れています。

読んだ本の内容を覚える際、1～2章を読むごとに、本の裏表紙に「要約」を書くようにしています。

あれほど、集中して読んだのに、思った以上に言葉や理論を正確に記憶していないことを実感します。

そのまま転記をするのではなく、要約を書くので、自分なりに「このポイントは？」「このメソッドの活かし方は？」「あの情報との関連は？」など、考えながら書くことができます。まさにこの行為は「記銘集中」モードで集中しているわけです。

人の話を聞く際も、セミナーを聞く際も同じ。

後で復習をすることが、いかに大事なのかを実感しています。

本を100冊読むことが素晴らしいわけではありません。

きちんと、自分の理解に落とし込まないと、ただの行為になってしまいます。

忘れっぽさを改善する際は、「記銘集中」モードを活かしましょう。

第3章

どんな時でもスピードを加速させる「タスクハック」

19
CONCENTRATION HACKS

ダラダラしてしまうなら、先にタイムリミットを決める

1日のタイムリミットを決めれば日中の集中力がUP

「パーキンソンの法則」

仕事の量は与えられた時間を満たすまで膨張する。

「真面目」の副作用

あなたは、真面目なタイプでしょうか。だとしたら、残業をしていませんか。

となると、まだ日中の集中力を高められる可能性があります。

朝、仕事を始める前に、「今日は何時に終える」と決めてから取りかかってみてください。さらには、その時間を手帳（スケジュール）に書いておくと万全です。


パーキンソンの法則をご存知でしょうか。

英国の歴史学者パーキンソンが見出した法則で、「仕事の量は、与えられた時間をすべて満たすまで膨張する」というもの。

かつての私も、まさにそうでした。時間の限り、がんばってしまっていたのです。

でも、こういった経験があるのは、私だけではないでしょう。

脳科学者の中野信子さんは、日本人の多くが、その傾向があると示唆しています。

「日本人は、不安を感じやすく、慎重な遺伝子を持つ人が際立って多く、実に65％以上の人が該当する」と言います（アメリカ人は18％しか該当しません）。

さらには、地域によっても差異があり、新潟市医師会のホームページには、「日本海側の地域に住む方が、慎重な遺伝子を持つ人が多い」との記載も。

「この先、何があるかわからないので、できる時にがんばっておこう」

これこそが、豪雪、災害と隣り合わせだった日本人が培ってきた長所だと思うと納得できます。でも、集中力をずっと維持できているかとなると、話は別。

なんとなく、長時間、ダラダラとやってしまっているということであれば、メスを入れる必要があります。

それでも終えられない場合

終える時間を決めても、切り上げられないということもあるでしょう。遺伝子の仕業ですから、仕方がありません。

そんな時は、もう1つやっていただきたいことがあります。

「仕事を早く終える目的」をつくることです。

「会社の帰りにジムに行く」「サウナに行く」「友人と会う」「学校に行く」「買い物に行く」など、何でもOK。〝それ〟をやるために早く終えると決めるのです。

実際、先にジムや友人と会うことなどを手帳に記せば、早く切り上げざるを得なくなるでしょう。

このように、まず1日のタイムリミットを決めておきましょう。

そうすることで、日中の集中力が俄然変わります。

POINT

日中の集中力を高めたいなら、まず1日のタイムリミットを決める。

20
CONCENTRATION HACKS

無我夢中になりたい時は、トライアルにする

タイムトライアルにすると集中力がUP

「タイムプレッシャー効果」

締め切りを設けることで、
「ノルアドレナリン」が活性化し、脳は覚醒する。

「ありえないスピード」に導く

小学生の頃、近所の「餃子の王将」でやっていた〝ジャンボ餃子（5人前）を30分で食べると無料〟という企画にチャレンジしたことがありました。

ありえないスピードで口に掻き込み、時には水で流し込む……。

胃袋は限界を超えていましたが、それでも、何かが憑依したように無我夢中に……。

もうダメだ……と何度か思いながらも29分で完食しました。


さて、話を仕事に戻しましょう。

このように〝憑依したような集中力〟を発揮する方法があったらいかがでしょう。実は、簡単にできる方法があります。

タスクの処理を行う際、早食い企画のように「タイムトライアル」にしてみてください。

「この作業を20分で行う」など決めてから行えば、何かが憑依したように無我夢中になることができます。

これは、心理学の「**タイムプレッシャー効果**」によるものです。

締め切りを設定することで、危機感を司る脳内神経物質の「ノルアドレナリン」を活性化させ、脳を覚醒させ、パフォーマンスを高めてくれます。


これは、私もやっています。もはや、習慣になっているくらいです。実際、集中力が確実に高くなる効果を実感しています。

「1時間で、この3つの処理を完了させるぞ」

「この処理を5分で、この処理を10分で済ませるぞ」

さらに白状しますと、この文章もタイムトライアル中に書いています。

「ウーバーの出前が届くまでの30分で、このページを仕上げるぞ」と。

このように、時間内で処理をする「トライアル」にすると、驚くほどの集中力が出ます。


しかし、注意も必要。

ノルアドレナリンを刺激できるのは短時間。長時間やると、疲労感を生んでしまいます。

この方法はあくまで、〝今、ココ〟の集中力を高めたい時の切り札です。

「所要時間入り」のTo-Doリスト

タスクが多い人へのオススメの方法を紹介しましょう。

「所要時間入り」のTo-Doリストを用意してください。 おのずと、タスク処理がタイムトライアルに変わります。

・提案書作成：30分
・明日の会議に向けての事前打ち合わせ：15分
・たまっているメールの返信：20分

このようにリストを作成し、その時間内に終えることを目指し、さらに想定タイムを上回るようにトライしてください。そうすることで、戦闘モードでタスク処理ができます。

POINT

タイムトライアルにすると、ありえない集中力が手に入る。タスクが多い場合は、「所要時間入り」のTo-Doリストをつくる。

21
CONCENTRATION HACKS

5時間ずっと集中したいなら「ポモドーロ・テクニック」

小刻みに多くの休憩を挟むことで、集中力が維持できる

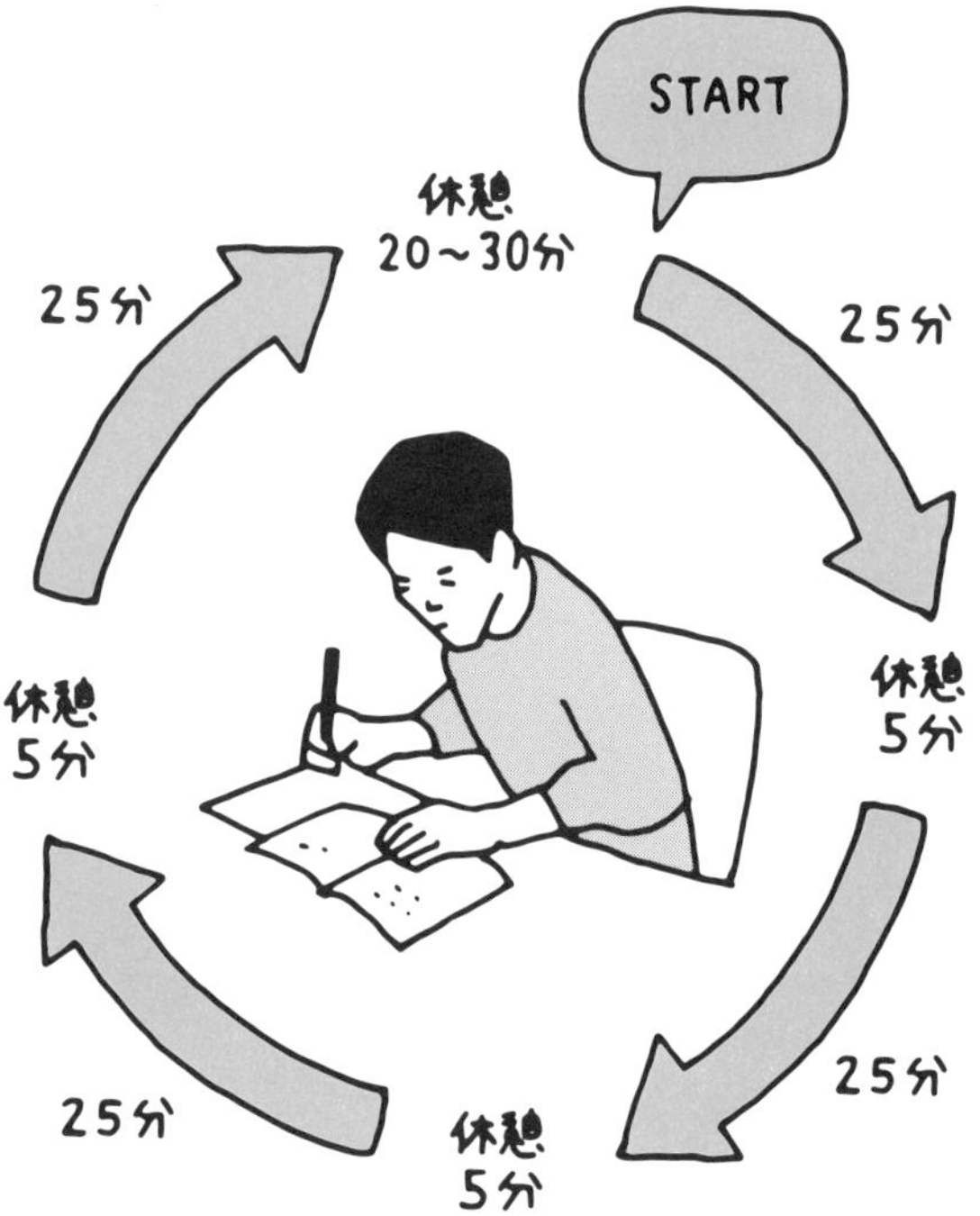

「ポモドーロ・テクニック」

25分の作業をし、5分休憩。これを4回繰り返した後で、
20～30分の長い休憩を取る。

休憩を挟めば、どこまでも集中できる

長時間にわたって集中力を維持できる方法を紹介しましょう。

ズバリ、**「ポモドーロ・テクニック」**です。

このテクニックを使えば、**4時間でも5時間でも、集中力を維持できます。**私も執筆やテキスト作成などの事務作業を行う際に実践しています。

「ポモドーロ・テクニック」は、イタリアの起業家でもある作家のフランチェスコ・シリロが考案したメソッドです。ちなみに「ポモドーロ」とは、イタリア語で「トマト」のことを指し、シリロが使っていたトマト型のキッチンタイマーが由来となっています。


具体的なやり方は次の通りです。
- まず、25分間は集中して作業をする。
- 25分経過したら、強制的に5分間の休憩を取る。

・また時間がきたら、25分の作業をし、強制的に5分休む。
・これを4回繰り返した後で、20〜30分の長い休憩を挟む。
・そして、また同じように25分の作業をして、5分間の休憩を取る。
この繰り返しで、長時間にわたって集中力を維持できるのです。


第1章で、集中力は20分しか持たないとお伝えしました。

このポモドーロ・テクニックを使えば、小刻みに「多くの休憩」を挟むことになるので、その都度、集中力がリセットされ、維持することができるのです。


やってみると気付きます。

普段は、作業中に何度もメールチェックをしようと手が動きそうになっても、このテクニックを使うと、むしろ「ここで、中断するわけにはいかない」、そんな抑止力が働きます。

これこそ、ポモドーロ・テクニックの効果です。

オススメのアプリ

最近では、ポモドーロ・テクニック用のアプリも充実しています。

私のオススメは、「**ポモドーロトラッカー**」。ダウンロードせずともブラウザー上で、「25分＋5分」を知らせてくれるので、かなり便利です。

さらに、オススメをもう1つ。

YouTubeにある「**ポモドーロタイマー**」のBGMです。種類はかなり充実しています。波の音、雨の音、などホワイトノイズ（集中力を高める音）を聞きながら作業に打ち込めるので、リモートワークの際にぴったりです。

POINT

「ポモドーロ・テクニック」を使えば、集中力を長時間にわたって維持できる。

22
CONCENTRATION HACKS

忙しすぎて、うっかりミスをしがちなら「バッファ」をつくる

予定を組む時、あらかじめバッファを予定に組み込む

「バッファ」

余裕のこと。1日2時間程度持つことで、バタつかなくなる。

バタバタを回避する方法

いつもバタバタしている人ほど、ミスも多いもの。タスクスイッチングの回数が多くなるため、その都度、集中力が落ちてしまうからです。

そんな人へのオススメの方法があります。


「バッファを持つ」ことです。


バッファとは、「余裕」のこと。

1日8時間働くと考えると、2時間程度はバッファを持っておきたいところです。

特急仕事が舞い込んできた際でも、バッファの時間に対処すればいいので、落ち着いて作業ができるようになります。


では、どうやってバッファをつくるのか。

予定を組む際、**初めからバッファを予定に組み込む**のが鉄則です。

スケジュール調整の依頼が入ってきた時、または業務の依頼が舞い込んできた際、〝ギッチリ〟と予定を埋めてはいけません。

可能な限り、あらかじめ組んでいた「バッファ」の時間を避けながら、時間調整を行ってみてください。

この方法は、私もやっています。

もちろん、状況に応じて柔軟に対応する必要はありますが、あらかじめバッファを組み込んでいるかどうかは、大きな違いです。

10分前行動を心がける

いつもバタバタして、忘れ物をしがちなら、さらなる提案があります。

10分前行動を習慣にしてください。

例えば、打ち合わせや会議で忘れ物をしてしまうと、とても集中はできません。

10時に出発するのであれば、10分前には〝いつでも〟出られる状態にしておく。

14時からオンライン会議があるなら、10分前にはスタンバイをしておく。

この10分が、バタバタしている人にとっては貴重な集中を生む時間となるのです。

私自身もやっていますが、10分前行動を習慣にすると、落ち着いて仕事ができるので、焦って忘れ物をするということはなくなります。

むしろ、その10分がバッファとなり、打ち合わせ資料を再読する時間にしたり、説明する際のイメージをしたりする時間に充てています。

余裕を持つことは、集中力を高めるための重要な条件なのです。

POINT

バタバタしていては、集中はとてもできない。「バッファ」をつくり、10分前行動を心がけるだけで、パフォーマンスは向上する。

23
CONCENTRATION HACKS

単純作業でも、2つのレベルを調整すれば没頭できる

慣れたタスクなら「挑戦レベル」を高めるとフローに入りやすい

「フロー」

時間感覚がなくなるほどに没頭している状況のこと。

極限の集中「フロー状態」

こんな経験、ありませんか。

つい没頭してしまい時計を見ると「え、もうこんな時間」。

この、〝没頭〟の状態を「フロー」と言います。

心理学者ミハイ・チクセントミハイが提唱し、広まった概念です。

では、どうすれば仕事で「フロー」状態に入ることができるのでしょうか。

ここでは、仕事中、自在にフローに入るテクニックを紹介しましょう。

フローは2つの要素で構成されています。

「挑戦レベル」×「スキルレベル」の要素です。この2つの要素を調整することで、フローに入ることができます。

具体的には、たとえ〝退屈な仕事〟であったとしても、工夫を加えて「タスクの難易度」を少し上げてみてください。そうすることで、「挑戦レベル」を高めることができます。

先ほどの「タイムトライアルにする」「できばえのレベルをアップさせる」ことで、挑戦レベルをアップさせることもオススメです。

もう1つの「スキルレベル」とは、そのタスクを処理するスキルの高低を指し、すでに持っているスキルで対処することができればOKです。

「挑戦レベル」の調整

となると、自在に調整できるのは「挑戦レベル」になります。

「挑戦レベル」の調整について、さらに解説を加えましょう。

重要となるのが「目標（ゴール）」の難易度の設定です。

ラクな目標設定ではフローに入れません。ある程度の難しさは必要です。

例えば、提案書を作成するとしましょう。

「今までより、内容にこだわった提案書にする」のも方法の1つ。

「この人上手だな」と思う人の提案書を参考にして、「レイアウトをより見やすくする」「箇条書きを効果的に使う」など、よりクオリティアップを目指すのもオススメです。

ちょっとした工夫で「え、もう1時間？」と没頭できる、そんな極限まで集中力を高めるフローに意図的に入ることができるのです。

知らないと損。ぜひ、やってみてください。

POINT

自分にスキルがあれば、あえて「挑戦レベル」を高めてみよう。そうすることで、時間を忘れるほどの「フロー（没頭）」の状態に導ける。

24
CONCENTRATION HACKS

1人で集中できないなら「同じレベル」の仲間とやる

仲間と一緒の方がパフォーマンスはUP

「ピア効果」

1人でがんばるよりも同レベルの仲間と一緒の方がパフォーマンスが上がる効果。

▼仲間と一緒にやることでパフォーマンスが上がる

1人だと、どうしても集中力が途切れやすい時もあるでしょう。

そんな時は、あえて「仲間がいる場所」で仕事をすることをオススメします。

1人でがんばるよりも、仲間と一緒の方がパフォーマンスが上がる、そんな有名な法則があります。「**ピア効果**」です。

ピア（peer）とは、年齢・地位・能力などが同等の仲間のことを指します。お互いが刺激をし合い、よりパフォーマンスが上がるという効果です。

私が研修を担当する、ある企業様の実例を紹介しましょう。

その会社では、テレアポで新規開拓の営業をされていました。

テレアポは、思った以上に精神的に辛さを感じる仕事の1つです。「今は結構」「決まった業者がある」と断られるのは、まだマシな方。中には「二度とかけるな」「仕事の邪魔をするな」など、辛辣な言葉を投げかけられることも。その苦行のような電話を1人あたり、1日に100件以上かけることを目標にされていたのです。

でも、うまくいっていませんでした。1人あたりの架電数は平均50件にも満たない状況だったのです。


そこで、対策として行ったのが「ピア効果」を活かす方法。

参加者は4人。会議室にこもって、〝みんな〟でテレアポをしていただきました。

それだけで、全員が1日100件の電話ができるようになったのです。

参加者からいただいたのは、「しんどくなかった」「あっという間だった」との声でした。

▽ピア効果の注意点

しかし、ピア効果にも注意は必要です。

ピア効果を得るには、仲間が「同レベル」であることが条件となります。

レベルが高い相手だと、「最初からあきらめてしまう」負のピア効果が働き、レベルが低いと「手抜き」をしてしまう負のピア効果が働くからです。

一緒に仕事をする際は、「誰とするか」の選定も大切な要素というわけです。

最近は、リモートワークも日常化してきていますが、集中力を高めるために、あえて職場で仕事をすることも一考してみてください。

また、お互い違う場所で仕事をする際は、**一定時間ごとに〝進捗を共有〟し合う**のも効果的です。私も営業時代は、よくやっていました。「他の仲間もがんばっている」と思えば、多少の辛さは乗り越えられたものです。

ぜひ、1人でがんばれない時は、仲間のチカラを借りてみてください。

POINT

1人でがんばれない時は、仲間と一緒にやれば、相乗効果でがんばれる。

くじけそうになったら想像するだけでもいい

「鉄の意志」を持つ人を想像する

「自制心の強い人のことを想像するだけで、自身の意志が強くなる」

（スタンフォード大学のケリー・マクゴニガル）

想像するだけで意志が強くなる

ピア効果を得にくい環境の人もいるはずです。

「同レベルの同僚がいない」「ずっと1人で作業する環境」ということもあるでしょう。

だとすれば、想像するだけでもOK。

「同じテーマに取り組んで、成功している人のことを想像する」

「理想の取り組み方をしている人のことを想像する」

これだけでも、効果があることがわかっています。

スタンフォード大学のケリー・マクゴニガルは、こう述べています。

「自制心の強い人のことを想像するだけで、自身の意志が強くなる効果がある」と。

これを聞くとある受験生の逸話を思い出します。

その受験生には、気になる〝がんばり屋〟の同級生がいました。

「あの人に追いつきたい」と思う、そんな存在です。でも、一緒に勉強する間柄ではなかったそうです。

そこで、彼女がやったことが、まさに「想像する」だったのです。

「きっと、あの人は22時までは勉強をしているはず」「きっと、あの人はテストに向けてこの箇所を入念にしているはず」と思いながら、自分を奮い立たせていたと言います。

ピア効果が得られない時は、このように「想像」をするだけでも、効果があるのですから、やらない手はなさそうです。

自制心の強い人がいない場合

それでも、身近にいる「自制心の強い人」がイメージできないなら、こうしてみてください。

「憧れの人」や「すごい人」を想像してみるのです。

例えば、「あのアスリートなら、どうするかな……」

「あのアーティストなら、こんな時はどうしているのかな?」

僭越ですが、私も時折やっています。

研修を年200回しながら、40冊の執筆をしてきました。他にもYouTubeやVoicyも週に4~5回公開していますので、なかなか忙しい日常にはなります。

へこたれそうにもなります。でも、友人から、こんな逸話を聞いたことが支えになっています。

「ビートルズは、200曲以上をリリースし、1曲あたり3時間でつくっていた」

もちろん、歴史に名を残したアーティストと自分を比較するのは、ファンの方にお叱りを受けるでしょうが、「まだまだ、がんばれる」と鼓舞する逸話を聞かせてもらったと感謝しています。

想像するのは自由。ぜひ、取り入れてみてはいかがでしょう。

POINT

「想像」するだけでも、パフォーマンスを向上させることはできる。

26
CONCENTRATION HACKS

不安や焦りがあるなら「GTD」でなくす

「あれもこれもしなくちゃ……」がなくなる

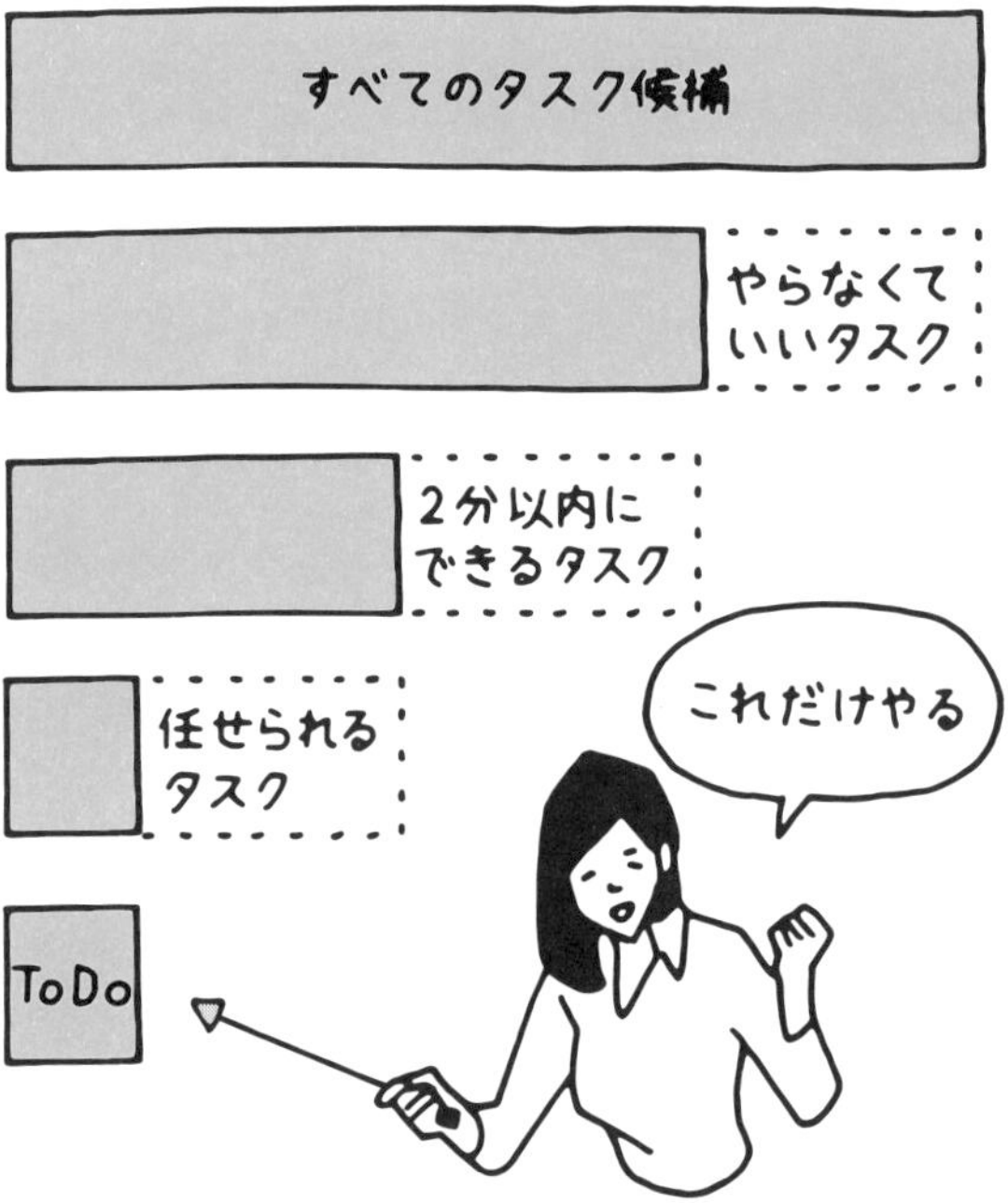

「GTD」

Get Things Doneの略。やるべきことを絞り、次々とタスクを処理する方法。

タスク管理の王道「GTD」

仕事に取りかかる前、こんな不安が頭をよぎることはありませんか。

「あれもしなくちゃ」「これもしなくちゃ」

だとしたら、「GTD」を取り入れてみてはいかがでしょう。

〝ギュッ〟とやることが絞れるだけでなく、「あれもしなくちゃ」「これもしなくちゃ」がなくなります。集中力を維持するためには、絶対に必要な条件です。

GTDとは、デビッド・アレンの書籍『ストレスフリーの仕事術』(田口元監修、二見書房)で、「フォーチュン100企業」の4割が導入していると紹介されるタスク管理の手法です。

ちなみに、GTDとは、Get Things Done(物事を終わらせる)の略のことで、「やるべきことを絞り、粛々と処理する」の意味。

つまり、**やることを最初に絞っておくのが、GTDの鍵**となります。

やり方は、実に簡単。

Step 1：まず、「頭に浮かんだ〝すべてのタスク候補〟」を書き出す。
Step 2：《絞り①》今、やらなくていいタスクを削除。
Step 3：《絞り②》2分以内にできるタスクはすぐに処理をし、リストから削除。
Step 4：《絞り③》人に任せられるものは任せてしまい、リストから削除。
Step 5：残ったものだけを「To-Doリスト」に記載する。

いかがでしょう。
このプロセスを踏めば、「あれもしなくちゃ」「これもしなくちゃ」、そんな〝不安〟〝焦り〟を取り除けることが、おわかりいただけるのではないでしょうか。

「伊庭流」のやり方

参考までに、私のやり方を紹介しましょう。エクセルでフォーマットをつくってやっています。

まず、気になるタスク候補を書き出します。ここは一緒。

その上で、やることを絞ります。ここも一緒。

次に、**タスクの1つひとつに、所要時間の推定値を記入**します。

次に、タスクを「今週の作業」「来週の作業」「今月の作業」「それ以降」に分類。

実施をし、タスクが完了したら更新します。

やることが増えすぎた時にやってみると、「頭のモヤモヤ」がスッキリし、目の前のことに集中できる効果を感じています。

もちろん、これしかダメ、という方法はありません。

ぜひ、あなたなりのやり方を探してみてください。

POINT

To-Doリストをつくる際、やることをリスト化する前に絞ることが大事。

27
CONCENTRATION HACKS

メールはすぐに返さない

ほとんどのメールは今でなくてOK

通知にすぐ反応
またメール！
チェックしないと
....

まとめて返信
次の
メールチェックは
11時半
....

ユトレヒト大学の研究

1日のタスクスイッチングは平均86回。
ほとんどがメールチェック。

「今見なくてもいいメール」で集中力が落ちる

あなたは、メールをすぐに返さないと気が済まない方でしょうか。
かつての私はそうでした。でも、やめました。
メールが集中力を落とす「最大のきっかけ」だからです。

まず、やるべきことから解説しましょう。

「メールは、すぐに返さずに、〝まとめて返信〟」

これだけで、作業中の集中力を落とすことなく、長く維持できます。

「集中力」の権威、ユトレヒト大学のステファン・ファン・デル・スティッヘル教授は著書『人生を変える集中力の高め方 集中力が劇的に向上する6つの話』（徳永美恵訳、ニュートンプレス）で、ある実験のことを記載しています。
ある職場の従業員を観察した実験で、内容は次の通りです。

・1日に行っていたタスクスイッチングは平均86回。うち、65回は自分の意志。
・調べると、そのほとんどが「メールチェック」であった。
・7割の人が、メールの着信から、わずか6秒以内に反応していた。
・しかし、反応してしまうと、集中力がもとに戻るまでに1分44秒かかっていた。
・さらに精査をすると、ほとんどが「この瞬間でなくてもいい」メールであった。

つまり、こういうこと。

1日のメールチェック回数を仮に50回としましょう。8時間働くとすると、10分に1回の頻度。

10分に1回の頻度で〝今、見なくてもいいメール〟をチェックしてしまい、集中力を落としてしまっているということなのです。

▼メールチェックは「90分に1回」でも十分

でも、通知のポップアップが表示されると、無視はできないものです。

そこで、**メールの受信時、ポップアップが出ないよう設定しておきましょう。**

私は、PCのポップアップも、スマホのバイブレーションも切っています。その代わり、60分か90分に1回のペースで確認をし、まとめて一気に返信します。

やってみると90分ごとでも、なんら支障はないとわかります。

むしろ、90分以内だと、かなり早い方ではないでしょうか。実際、「返信が早いですね」と言われます。

タスクを処理している際、疲れてきたら、ついメールチェックをしたくなるもの。

でも、90分に1回と決め「次は11時半」と決めておけば、やり過ごせるものです。

ぜひ、やってみてください。

POINT

集中力を維持したいなら、メールはまとめて返信。90分に1回でも、むしろ「早い対応」と評価される。

28
CONCENTRATION HACKS

「メール疲れ」を感じているならテンプレートをつくる

テンプレートを登録すれば労力は1/10になる

Click!
30 Seconds
お世話になっております。
○○株式会社の△△です。

クリックで自動化

・よく打つメールの文章を登録しておく。
・文字をタイピングする必要がなくなる。
・それだけで、1通30秒で送れるようになる。

メール疲れは集中力の敵

受信トレイにたまるメールを見て、こう感じることはないでしょうか。
「また増えている……。押しつぶされそうだ……」

慢性的なストレスが、ストレスホルモンのコルチゾールを発生させ、集中力を低下させることは、もはや定説。「メール疲れ」を起こしている時ほど、「あれ、今、何を入力するんだっけ……」と、〝うっかり〟を起こしやすいのは、そのためです。

実際、コルチゾールが長期的に分泌されると、脳に悪影響を及ぼし、認知症を引き起こすきっかけになるとも言われています。まさに、ストレスや疲れは脳にとっては敵なのです。

なので、集中力を維持するために、「メール疲れ」を予防しておきましょう。

オススメの方法は、「テンプレート」を登録しておくことです。

たったこれだけですが、文章を考え、タイピングする手間から解放される効果は想像以上です。私も実践していますが、1通あたり30秒程度で処理ができるので、肉体的にもラクですし、ストレスも感じていません。

実際、ビジネスパーソンの平均は、おおむね1通6分程度（360秒）です。テンプレートをつくるだけで、労力が1／10に縮小できるというわけです。

テンプレートのつくり方

具体的には、次の設定を行うだけ。

アウトルックの場合は、クイックパーツ内にある「定型句」に登録をします。

普段、よく送るメールの文章を定型句として登録しておくのです。

やり方は簡単。登録したい文章を指定し、「挿入」タブの「クイックパーツ」の「選択範囲をクイックパーツギャラリーに保存」を押すだけで登録できます。

登録しておけば、文字を入力せずとも、クリック操作だけで、一瞬で文章が反映されるようになります。

Gメールの場合は、テンプレートの機能を活用します。

基本的には、アウトルックと一緒。普段、よく送るメールの文章をテンプレートに登録しておけば、こちらも文字を入力せずとも、クリックだけで文章が反映されるようになります。

テンプレートの登録方法は、Gメールで文章を入力した際、下のバーに設置されている「⋮」を右クリックし、「テンプレート」を選択。さらに「下書きをテンプレートとして保存」を選択。それだけで、新規文章を登録できます。

私は、20個ほどテンプレートを登録しています。

テンプレートを登録しておくと、5通のメールであれば、2分半程度で完了です。

ぜひ、登録してみてください。「メール疲れ」を予防するのも、集中力を維持する鍵です。

POINT

「メール疲れ」が集中力を低下させる。テンプレートをつくっておけば、1通約30秒で送れる。

29
CONCENTRATION HACKS

疲れで「うわの空」になった時は、体をゆする

「貧乏ゆすり」が集中力をUPさせる

中部大学の研究チーム

貧乏ゆすりは、〝小さな運動〟。
自律神経を興奮させ、集中力を高める効果がある。

〝ゆする〟と回復する

ずっとPC作業をしていると、時に、頭がボーッとしませんか。散歩ができればいいのですが、そうはいかないこともあるでしょう。

もっと手軽にできる方法があります。

「貧乏ゆすり」をしてみてください。頭がスッキリすることに驚くでしょう。

実際、中部大学の研究チームの論文では、貧乏ゆすり（微小揺脚運動）は、〝小さな運動〟でもあり、自律神経を興奮させ、集中力を高める効果があることが報告されています。別の研究でも、貧乏ゆすりが、「セロトニン」の分泌を促すことが言われています。「セロトニン」は、精神の安定や平常心を保ち、頭の回転をよくする神経伝達物質です。

貧乏ゆすりの効果は侮れません。

でも、貧乏ゆすりを不快に思う人は多いもの。

ゆえに、オススメは1人の時です。

白状しますと、私もリモートワークで仕事をする際、「うわの空」になりそうな時があります。そんな時、足をブルブルと意図的にゆさぶります。

すると、不思議なことに、一瞬で頭がスッキリするのです。

立つことで、生産性が53%UP

ただ、貧乏ゆすりをしても、集中力が回復しない時もあります。疲れているとなおさらです。

そんな時にやっていただきたい、次の一手を紹介しましょう。

「立って仕事をする」です。

立って仕事をすると、よりスッキリする効果を実感できます。

テキサスA&M大学の研究はユニークです。

コールセンターの167人の従業員に6か月間の調査をしました。

スタンディングデスクと通常のデスクの2グループに分けて、生産性を比較した結果、立っているグループの生産性が、1か月後で、約23％の向上。6か月間では、約53％も向上したというのです。

あえて、私の経験も添えます。

会社員時代、〝立って仕事をする管理職〟として社内報で紹介されたことがありました。まだスタンディングデスクもない時代でしたので、デスクの上に本を重ねて、高さを調整していました。やってみると、ボーッとする瞬間もなくなり、生産性は格段に上がりました。

今も、短時間で本を読む時など、あえて立って読むこともあります。

でも、ずっと立つことはオススメしません。やはり疲れるからです。

貧乏ゆすりでも対応できない際の対処策として、立ってみることもオススメします。

POINT

疲れてきたら、「貧乏ゆすり」「立って作業」をすると回復する。

30
CONCENTRATION HACKS

へこたれやすいなら「あと5分」を習慣にする

「やめたいな」と思った時、あと5分続けてみる

「GRIT」

やり抜く力のこと。
成功体験の繰り返しで強化される。

「あと5分がんばる」が、あなたを強くする

ここからは、もっと自分を追い込みたい人への提案です。

さらに言うと、「へこたれやすい」人への提言。


「やめたいな……」「また後でやろう……」と思った時、「あと5分がんばる」ことを習慣にしてみてください。


これは、心理学の「**自己効力感**」で説明がつきます。

自己効力感とは、「自分ならできるはず」という自信のことを指し、心理学者アルバート・バンデューラが提唱し、広まった心理学の概念です。

この自己効力感が高い人は、「やればできる」との思いがベースになるため、気が乗らないことでも、やり抜くことができます。一方、自己効力感の低い人は、しんどい時は「今の自分には、ムリかも……」と思い、タスクから目を背ける傾向にあるのです。

では、どうすれば、その自己効力感を高めることができるのでしょうか。

その1つの答えが、「成功体験」を積み重ねることなのです。


「あと5分がんばるぞ」

「よし、あきらめずに、5分やり切ったぞ」

こう感じることこそが、まさに成功体験なのです。


私は、こう考えています。

どんなに気が乗らないタスクでも、意味がある、と。

やり抜けば、自分は「逃げずにやり切った」との成功体験をくれるからです。

まずは「あと、5分」、がんばってみてください。きっと、変化が起こります。

「GRIT」を高める場にする

最後にGRITについて触れておきましょう。

GRITとは、「やり抜く力」のことで、心理学者のアンジェラ・リー・ダックワース教授によって提唱された論です。

注目のきっかけとなったのは、ベストセラー『やり抜く力（GRIT）』（神崎朗子訳、ダイヤモンド社）。

そこには、このような文脈があります。

「ビジネス、軍人、アスリートの成功者を研究した結果、人生において成功をもたらす最大の要素は、IQではなくGRITである」

つまり、こういうことではないでしょうか。

「まずは5分、やり抜く」ことを習慣にすることは、集中力を鍛えるだけではなく、人生を変えるトレーニングにもなるのです。

やはり、「へこたれそう」になった際、あと5分、トライしてみてください。

POINT

「へこたれそう」になったら、5分続けることで、集中力が鍛えられる。

COLUMN

3

1秒で、パッと「判断」できる方法があった！（俯瞰集中）

あなたの周りにこんな人はいませんか。

・本をパラパラとめくるだけで、「うん、だいたい理解した」。
・職場の雰囲気を見るだけで、「この会社は、危ないかもね……」。
・面接の際、1分程度の会話をしただけで、「脚色しているな……」。

そんな〝一瞬〟で判断できる人です。

彼らは、思い付きで言っているわけではありません。種明かしをすると、直感を働かせる「俯瞰集中」のモードを使っているのです。このモードを使えるようになったら、仕事のスピードは格段に早くなります。

ただし、この「俯瞰集中」の使い手になるには、〝ある条件〟があります。

【俯瞰集中を手に入れる条件】
・その分野での「経験」があること。
・日常で「記銘集中」をする習慣があること。

イメージとしては、日頃から頭の中でPDCAを行っている人は、「俯瞰集中」のモードで仕事をしやすくなると考えるとわかりやすいでしょう。

言い換えると、いくらその分野で経験があっても、〝やりっぱなし〟だと、「俯瞰集中」を手に入れにくいということなのです。

私の経験上ですが、このPDCAを行うことで、自分なりの「法則」を見出すことができるようになります。

例えば、営業。

1件1件の商談を振り返って、〝だから、うまくいったのか〟〝だから、失注したのか〟〝だとすれば、どんな対策をするべきだろうか〟といったように、細かくC「検証」をすることで、自分なりの「法則」ができ上がるというわけです。これは、営業に限らず、どの仕事でも一緒でしょう。

「検証」と言っても、大げさにする必要はありません。

うまくいった時、いかなかった時、想定外の出来事に遭遇した時、「その理由」「共通点」を考えることで、あなたなりの「法則」ができるからです。

判断の早い人は、ひらめきではなく、「自分なりの法則」に照らし合わせて判断しているのです。

第4章

気が乗らない時の「やる気スイッチ」のつくり方

31
CONCENTRATION HACKS

気分が乗らない時は、1分だけやってみる

1分やれば必ずやり続けてしまう

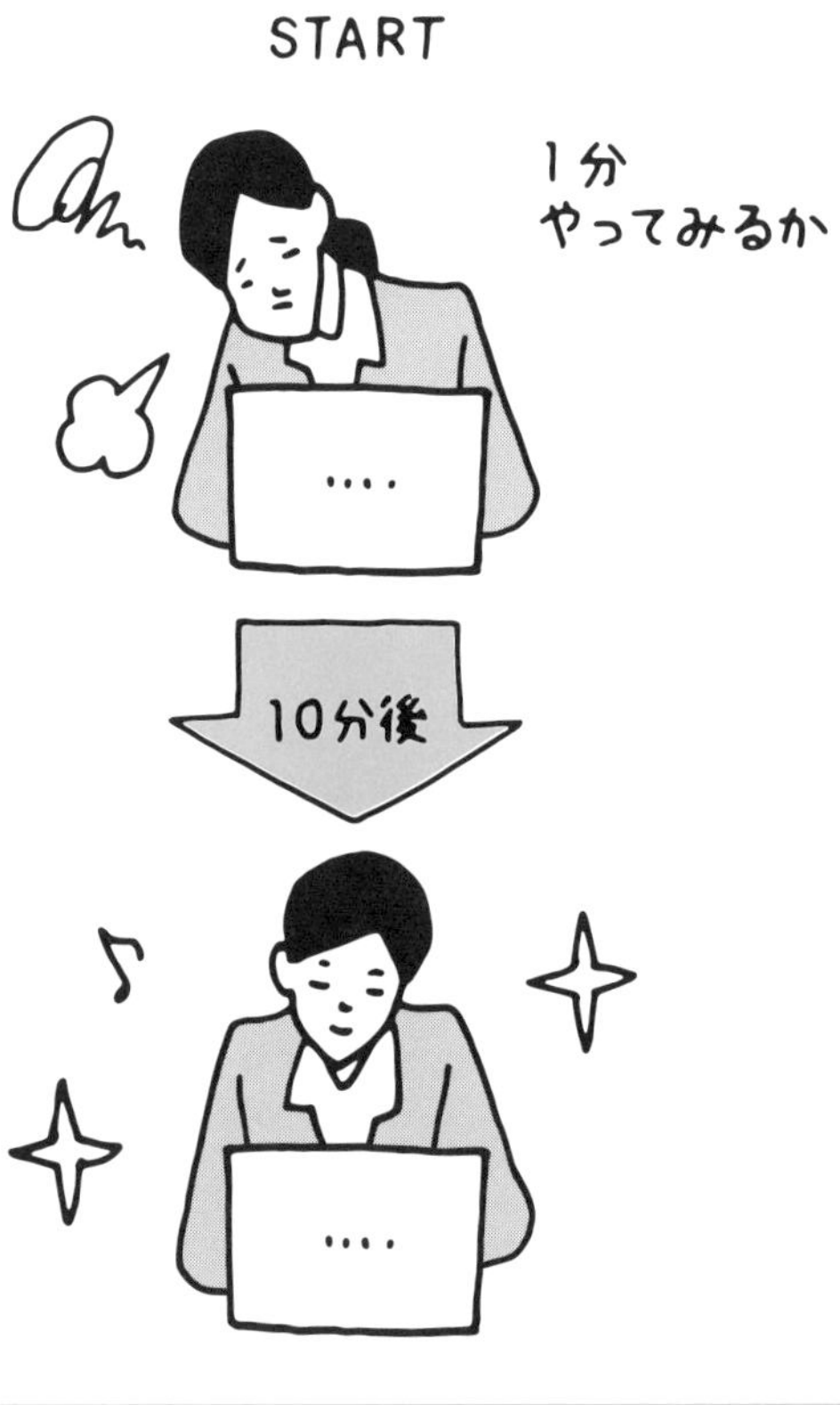

「作業興奮」

精神科医エミール・クレペリンの研究がきっかけとなり生まれた概念。やり始めると、だんだんとやる気が出てくる法則。

だんだんやる気が出てくる理由

「今日は、どうしてもやる気が出ない……」、そんな時は誰にもあるものです。

そう思ったら、迷わずやってみてほしいことがあります。

「1分でもいいので、やってみる」です。

間違いなく、1分以上やり続けてしまうことになるからです。

もっと言うと「10秒、やってみる」でも構いません。いや、「1ミリだけ、やってみる」、そんな感覚でもOK。


こんな経験はないですか。

少しのつもりでやり始めたら、なぜかそのまま作業をしてしまう。

これは、**「作業興奮」という心理作用**によるものです。


作業興奮は、有名なドイツの精神科医エミール・クレペリンの研究がきっかけとなり生まれた概念です。ざっくり説明をすると、**作業をやり始めると、だんだんとやる気が出てきて、5～10分くらいたつともはや気分が乗っている状態になる**、というもの。

メカニズムは、いたってシンプル。覚えておいて損はないでしょう。

作業をやり始めると指先、視覚から刺激を受け、脳の「側坐核」という部位が反応します。その時、やる気を引き出し、集中力をアップさせる効果のある「アセチルコリン（神経伝達物質）」をたくさん分泌するのです。

なので、**ちょっと作業をし始めるだけで、やる気が湧いてくる**というわけです。

気が乗らない時は、ハードルの低い作業から

私も使っている日常の習慣になっているテクニックです。私の場合は、こんな感じ。

「YouTubeの撮影をしないとな……、しんどいな……自分で決めた締め切りだから、破ってもいいかな……いや、ダメだ……。う～ん……」

そんな時は、セッティングの三脚だけ立ててみる、または台本のタイトルだけ考えてみ

る、そんな**「もっともハードルの低い作業」を少しだけやってみる**のです。

気が付けば、この本を書いている現在、YouTubeに週に4回、650本を超える動画を公開し続けています。〝ちょっとだけやってみると、リズムに乗れるはず〟と言い聞かせることで、継続できています。

どんなに好きなことでも、「今日はしんどい」と思うことはよくあります。

そんな時こそ、「先延ばしにせず」に、「ハードルの低い作業をちょっとだけ、やってみる。あとは流れ次第」と決めてやると、確実にやる気が高まり、集中力が一気に出てきます。

気が乗らない時は、やってみてください。

POINT

気が乗らない時は、ハードルの低い作業を〝ちょっとだけ〟やってみる。

32
CONCENTRATION HACKS

面倒なことは、少しだけ手をつけておく

少しだけやることで抵抗感が減る

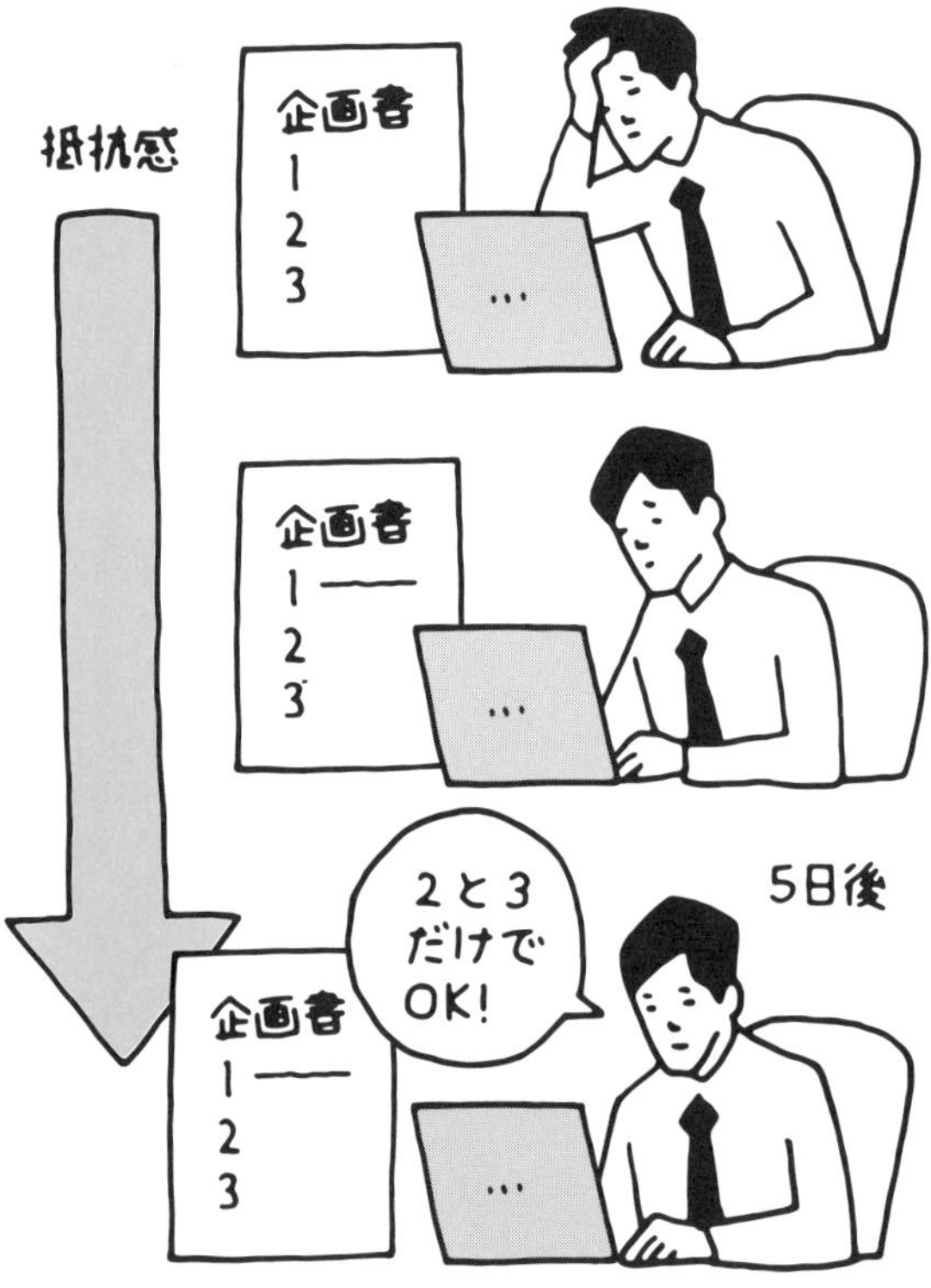

「抵抗感を減らせ」

「やる気」を高めるより、
「抵抗」を取り除く方が行動力は高まる。

（ロレン・ノードグレン、デイヴィッド・ションタル）

心理的な「抵抗」をなくすのも戦略

気が乗らない時の心のつぶやきは決まっています。

「ああ、めんどくさい」

かつての私がそうでした。1週間に何度心でつぶやいていたことでしょう。数十回はつぶやいていたはずです。

後日、「あの時、どんな話をしたっけ……」「あの時、何を思っていたっけ……」「このメモの意味は何だっけ……」など、思い出す作業から始めるのは、本当に気が重くなったものです。

でも、〝気が乗らないからやらなかった〟ということはありません。

先ほどの「少しだけ、やってみる」のも超効果的ですが、もう1つの〝勝ちパターン〟も持っているからです。

「後で面倒になるだろうな、と思ったタスクは、先に少しだけやっておく」

これをしておくだけで、心理的な抵抗感はかなり軽減できます。

ケロッグ経営大学院の教授による共著『「変化を嫌う人」を動かす』（ロレン・ノードグレン、デイヴィッド・ションタル著、船木謙一監訳、草思社）で紹介されている研究は、まさにこのことを裏付けてくれています。**人は「やる気」を高めるより、「抵抗」を取り除く方が行動力は高まる**、というのです。

抵抗が減るとモチベーションが生まれる

私もそのことを実感しています。

例えば、研修のテキストを作成する際、パワーポイントで多いものだと100〜150ページくらいのボリュームになります。テキスト作成は好きな作業なのですが、あまりの多さに心が負けてしまいそうになるものです。

でも、〝3章を一部だけ作成〟しておけば、こんなことが起こります。

「3章の残りは、あれを書くだけだよな……。朝の1時間で3章を完成させられるかも……」

あれほど気が重かったテキスト作成なのに、**労力への「抵抗」が減ったことで、早く仕事に取りかかり、一気に片付けてしまおうとするモチベーションに変わるのです。**

〝ちょっとだけ作業をしておく〟ことで重荷に感じていたタスクが「あとは、これだけをすればOK」と感じられるようになりますので、日常の習慣にしてみることをオススメします。

ぜひ、エネルギーのあるうちに、「面倒そう……」と感じる作業は〝今、ココ〟で少しだけ作業をしてみてください。

次やる時の「抵抗」を取り除くのも、作業の集中力を高める作戦です。

POINT

「面倒だろうな……」と思うことは、先に〝少しだけ〟やっておく。そうすることで、始動する際の「抵抗感」が低くなる。

33
CONCENTRATION HACKS

疲れ果てている時は、「If-Thenプランニング」

「○○が起きたら、△△をする」と決めると実行力は2倍以上

If
しんどいと思ったら
Then
とにかくデスクに座る

「If-Thenプランニング」

「条件付け」を使ったやる気を出す方法。
レポート作成は2．3倍、運動習慣は2．5倍実行力がUPする。

○○が起きたら、△△をする

やる気スイッチは〝いくつかのかけ合わせ〟で強化していきましょう。

先ほど、「1分だけやればいい」と言いました。でも、それすら嫌気がさすこともあるでしょう。

テクニックをいくつか持っておくと、怠け心に打ち克つ力をさらに強くできます。

そこで、紹介したいのが**「If-Then プランニング」**。

コロンビア大学のハイディ・グラント・ハルバーソン教授が提唱する最強のやる気スイッチの1つです。

「よし、始めよう」と思いながらも、なかなかできない時に有効な方法なので、やらない手はありません。やり方は、びっくりするくらいに簡単。

【If】○○が起きたら
【Then】△△をする　と決めるだけです。

これは心理学の「**条件付け**」による作用で、〝決めておく〟ことで、実行力が高まるのです。

教授の実験では、レポート課題への取り組みは2．3倍、運動習慣は2．5倍も実行力が高まるとの検証が得られています。

「If-Thenプランニング」2つのポイント

では、「If-Thenプランニング」の効果を得るコツを2つ紹介しましょう。

- **「If」の設定は、〝日常的〟に発生しやすいものにすること。**
- **「Then」の設定は、〝簡単なもの〟にすること。**

この本で紹介したメソッドとかけ合わせると、

「もし、やるのがしんどいと思ったら、とにかくデスクに座る」

「この後やる気をなくすかな……と思ったら、カフェに行き、ＰＣを開く」

と決めておくのも一考でしょう。

私もやっています。

研修終了後に、研修のレポートを人事担当者様に提出することがあるのですが、翌日は忙しいので「めんどう」になることは確実、と感じることがあります。

そんな時は、「研修が終了したら、帰り道のカフェでPCを開く」と決めています。

PCを開くと、その流れで作業を少しやり始めてしまいます。

すると、次第に作業興奮が起こり、気が付けば、しっかりと完成させることができるのです。もはや確信犯的に行っています。

「If-Then プランニング」は最強の習慣と言われる所以を実感しています。

POINT

疲れてやる気が出ない時、「If-Thenプランニング」でやることを決めておくと、集中して取り組みやすくなる。

34
CONCENTRATION HACKS

「マイ儀式」を持てば、集中力が高まる

「手軽な儀式」が〝よし！いける〟をつくる

「アンカリング」

「指を10回ならす」など、ある特定の行動がきっかけとなり、
やる気モードになれる効果。

「アンカリング」を使いこなせ

ちょっと変わった話をしましょう。

「マイ儀式」を持つと、パフォーマンスが向上する、という話です。

もし、「マイ儀式」を持っていないなら、ぜひ持つことをオススメします。

イチローさんが選手時代にしていた、バットを垂直に構えてピッチャーに向ける「イチローポーズ」も、マイ儀式の1つ。

他にも、プロゴルファーがボールへのキスを習慣にしたら、パットの成功率が38％向上した、認知テストの前に指を10回ならすようにしたら、成績が21％向上した、といった例もあるくらいに儀式の効果は侮れません。

これは、おまじないでも、スピリチュアルなものでもなく、「**アンカリング**」という心理効果によるもの。

ある特定の刺激をきっかけとして、〝望ましい心理状態〟を引き出す方法をアンカリングと言い、心理学と言語学をベースとしたNLP（神経言語プログラミング）でも提唱されるテクニックです。

「マイ儀式」のつくり方

さて、この「マイ儀式」のつくり方は簡単。次の繰り返しの中で、「マイ儀式」をつくります。

Step 1：手軽な行動を決める（例：指を10回ならす）
Step 2：厳格に、繰り返し行う（例：必ず10回。5回や7回にはしない）
Step 3：うまくいった状態をじんわりと感じる（例：集中できたな、と感じる）

やることは、これだけ。
私もやっています。それどころか、言うのが恥ずかしいくらいに沢山あります。
指をならすことすら面倒な私の儀式は、日常の習慣でできるものばかり。挙げればキリがありませんが、いくつか例を紹介します。
「コーヒーを〝いつものマグカップ〟に注ぐ」（すると仕事モードに入れる）
「自宅で仕事する際も、〝仕事着〟に着替える」（これでも、仕事モードに入れる）
「朝、起きたら手帳を見る」（これも、仕事モードに入る儀式）

こんな簡単な儀式ですが、十分な効果を感じています。

今も、〝いつものマグカップ〟をデスクに置きながら執筆しています。マグカップでコーヒーを飲みながら、1人で考える……。そんな時間がむしろ、もはや心地のいい時間になっています。

いい習慣をもたらしてくれた、と「マイ儀式」に感謝しています。

POINT

マイ儀式を持つと、それがやる気スイッチになる。

35
CONCENTRATION HACKS

シャキッとしたい時は、「サイキングアップ」

体温を高めれば、すぐにピークに持っていける

「サイキングアップ(Psyching-up)」

深部の体温を高めることで、
短時間でやる気をピークに持っていくことができる方法。

「やる気」を待たず、「体温」を上げる！

まだまだ、あなたのエンジンを始動させる方法はあります。

休み明けなどで、体がついてこない、そんな時はないでしょうか。やる気が上がってくるのをただ待つのは、しんどいものです。

だとしたら、体温を上げるといいでしょう。

実は、休みボケと体温の研究では、休日に朝から活動せずにゆっくりと過ごすと、休み明けは「体の深部体温」が低くなることがわかっています。

そこで、オススメしたいのが、**「サイキングアップ（Psyching-up）」という方法です。**

深部の体温を高め、短時間でやる気をピークに持っていくことができます。

ちなみに、「psych《サイク》」という単語は、〝奮い立たせる〟〝元気づける〟を意味し、別名は「エネルギーコントロール」と言われるメンタルトレーニングの方法です。

私も休みボケになっている時は、いくら「やる気を出せ」と自分に言い聞かせても、体がついてきてくれません。そこで、「サイキングアップ」を行うと、効果はてきめんです。

アスリートが、試合前などに、ヘッドホンで音楽を聞きながら体を無造作に動かしている姿を見たことはありませんか。

実は、あれがサイキングアップです。心拍数や体温を上げることで、集中力を高めているのです。

▼サイキングアップのやり方

でも、ただ体をゆっさゆっさと動かせばいいというものではありません。

サイキングアップの手順は次の通り。

【サイキングアップのアクション】

- **Step 1**：テンションが上がる音楽を聞く
- **Step 2**：体を動かす簡単な動きを取り入れる

・Step 3：トップスピードの自分を想像する

例えば、通勤中に好きな音楽を聞きながらいつもより速足で歩き、「よし、今日は18時には終えるぞ」と決意するのもOKですし、周囲に誰もいない場所なら「好きな音楽に合わせて、軽くジャンプなどをして心拍数を高め、深部体温を高める」のも効果があります。

私は、歩きながら「ヘッドホンで音楽を聞き、お腹にグッとチカラを入れ、背筋を伸ばしながら、ちょっとだけ速く歩く」といったことを習慣に取り入れています。

実際にやってみると、体の中から、だんだんとエネルギーを感じてくるようになります。

休みボケなどで体が重い時、ぜひ取り入れてみてください。

POINT

好きな音楽をかけて、少し体を動かせば、「体がだる重い……」は解消できる。

36
CONCENTRATION HACKS

「To-Doリスト」は、順序にこだわる

簡単なものから着手すれば集中力が高まる

ハーバード・ビジネス・スクールの調査

簡単なタスクから処理したグループの集中力がもっとも高かった。

先にやるべきタスクは？

あなたは、タスク処理の順番に戦略を持っていますか？

もし、何となくつくったリストを上から順番に処理しているなら、この法則を取り入れてみてください。

「簡単なものから着手すると、リズムが出てくる」法則です。

実は、簡単なものから着手したほうが、集中力が高まることがわかっています。次々と処理する達成感が、興奮を司るドーパミンを分泌し、集中力を高めてくれるからです。


面白い研究を紹介しましょう。

ハーバード・ビジネス・スクールの500人の調査です。

まず、グループを次の3つに分けます。

A：「重要」なタスクから処理するグループ

B：「ただ、上から順番」にタスクを処理するグループ
C：「簡単」なタスクから処理するグループ

すると、「C」の簡単なタスクから処理したグループの集中力がもっとも高かったのです。ちょっと考えてみるとわかります。

あなたが、何かのスキルを学ぶとしましょう。

タスクは2つ。「400ページにわたる英語の専門書を読む」と「20分の動画を見る」。リズムに乗るために、あなたはどちらを選びますか。迷わず、動画を選択するのではないでしょうか。

まず、できる限り簡単なタスクから処理するのが「タスク処理」の正解というわけです。

簡単ではないタスクは細分化する

でも、現実の仕事は、そんなに簡単な作業ばかりではないことも多いもの。

その場合、To-Doリストを作成する際に、より細かくタスクを分解するといいでしょう。

「ABC商事様の提案書の作成」といったタスクなら、「提案書の目次を考える」「提案書のアウトラインを入力」「各ページに文字を入力」と分けるのです。

「目次を作成する」のが簡単な作業であれば、ここから着手すればいいわけです。実際、私が提案書やテキストを作成する際は、必ず目次から考えます。

そうすることで、ドミノ倒しのように、処理が進んでいきます。

ぜひ、タスクを分解して、簡単な作業から処理してみてください。

POINT

タスクを細かく分け、簡単なものから処理しよう。リズムに乗りやすくなる。

37
CONCENTRATION HACKS

やる気に左右されるなら先々の「予定」をどんどん入れる

具体的な計画に落とせば行動する可能性は３００％UP

モチベーションに影響される
決めた予定を淡々とこなす

コロンビア大学の研究

次の2ステップで行動力を上げる。
Step 1：やるべきことを細分化し、「行動レベル」にまで落とし込む。Step 2：具体的な計画に落とす。

モチベーションは必要ない

先日、このような話を聞きました。

「動画をYouTubeに投稿しているものの、最近、気が乗らなくなって……。

公開を止めてしまっているんです……」

この話を聞いて、気になったことがあります。行動が「モチベーション」に影響を受けてしまっている、ということです。

私自身は、モチベーションが低くても、行動に影響を与えることはありません。

……というと、鋼のメンタルの持ち主のように思われますが、まったくそうではなく、ただ、**「決めた予定を粛々とこなしている」**だけだからです。

意外と知られていませんが、こう決めるだけで、誰でもモチベーションに左右されずに行動力が高まります。ぜひオススメしたい方法です。

やる気に左右されない予定のつくり方

実は、これを裏付ける研究があります。

コロンビア大学のハイディ・グラント・ハルバーソン教授の研究では、次のことをするだけで、行動する可能性が300%高くなると言います。

Step 1：まず、やるべきことを「行動レベル」にまで落とし込む。
Step 2：その上で、具体的な計画に落とす（スケジュール化）。

まさに、私はこれを実行しているだけ。

この効果は、私の人生を変えたと言っても過言ではないほどに感じています。

学生時代の私は、〝気分〟で授業に出たり、出なかったり、または、飲み会に参加する、やはりやめておく、なんてことを繰り返していました。

そして、社会人になり、営業職に就きました。雨の日も風の日も酷暑の夏でも、1日に何十件と訪問するわけですので、とてもではありませんが、〝気分〟で行動していては、やっていけないことを痛感したのです。

そこでやったことが、トップセールスの上司からのアドバイス。

「**先々の予定を具体的にどんどん入れていく**」方法でした。

やってみると、わかったことがあります。

先々の自分に対しては、どんどん課題を与えることができるということでした。そして、予定化したことは、粛々とこなせるということも実感しました。

「面倒な仕事」ほど、先に予定を固めることを習慣にするだけで、今日の充実感も上がりますし、その積み重ねの中で、人生がよりよい方向に向くはずです。

POINT

モチベーションに影響を受けないようにしておく。そのために、「面倒な仕事」ほど、先に予定を固める。

38
CONCENTRATION HACKS

つまらないタスクが、なぜか楽しくなる「TKKの法則」

TKKの法則でタスクを面白くする

「ジョブ・クラフティング」

工夫、視点を変えることでやりがいを感じる手法。
「TKKの法則」はこの理論に基づくアプローチ。

どんな仕事でも面白くできる

もし、目の前のタスクに面白さを感じない時、やってほしいことがあります。

「**TKKの法則**」です。

T：楽しくする
K：簡単にする
K：効果を確認

この**3要素を取り入れることで、モチベーションに左右されることなく、長期間にわたってコツコツとやり続ける習慣を手に入れることができる**といった法則です。

こちらは、私が以前に書いた『結局、「しつこい人」がすべてを手に入れる』（アスコム）でも紹介した方法です。心理学や経営学など、国内外の様々な知見を研究し、習慣化するにあたっての要素を整理したところ、大きく3つに分けられました。

▼3要素のポイント

まず1つ目の要素が、「T：楽しくする」です。**〝工夫をちょい足し〟してみてください。**資料の「レイアウト」を少し変えてみる、上手な人のやり方をマネてみる、など、ほんの少しだけ新しいチャレンジを加えると仕事は面白くなります。

これは、「ジョブ・クラフティング」理論に基づくアプローチです。

この理論は、イェール大学経営大学院准教授エイミー・レズネフスキーとミシガン大学名誉教授ジェーン・E・ダットンが提唱した、あらゆる仕事にやりがいを持たせるための方法を説く理論で、〝工夫をちょい足し〟することの効果が示されています。

次が「K：簡単にする」。**具体的には、可能な限り「準備」「判断」をなくすことです。**先ほど「やる気」を高める前に「抵抗」をなくす効果の有効性を紹介しました。このように、取りかかる前の抵抗をなくしておきましょう。準備の手間を最小限に抑えることで、実行力は確実に高まります。

最後が「K：効果を確認」。**成果を「見える化」してみてください。**

To-Doリストも処理したタスクをリストから消すのではなく、☑を記して処理済みのタスクを可視化しておくのもオススメです。進捗を「見える化」しておくと、パフォーマンスが高まることがわかっています。

これは、ハーバード・ビジネス・スクールで組織心理学の教鞭を執るテレサ・アマビールが発表した「自分がゴールに向けて確実に進捗している実感を得た時、ますますやる気が高まる」といった「進捗の法則」を実践するものです。

どんな仕事でも、面白くないタスクは必ずあるもの。それでも、やらなくてはいけないのが仕事。私は、このTKKの法則に随分と助けられています。

POINT

仕事が面白いのではない。仕事は面白くするもの。どんなに面白くない仕事でも、「楽しく」「簡単に」「効果を確認」の3拍子で、面白くできる。

COLUMN

4

ボーッとする時間を持つと、〝ひらめき〟がおりてくる？（自在集中）

ニュートンがリンゴが落ちる様子を見て、「万有引力」を発見したことは有名です。

そんな「一瞬のひらめき」が、今まで答えが見えなかった問題を解決してくれることは多いものです。

この「一瞬のひらめき」を意図的に起こす方法があったら知りたくないですか。

実は、あるのです。しかも、とても簡単。

〝ボーッ〟とする時間を意識的に持つことです。

そうすることによって、「自在集中」のモードに入りやすくなるからです。

COLUMN1で、「ボーッと空想したり、自由に想像力を働かせている状態」のことを自在集中のモードに入っている状態とお伝えしました。

「サウナに入っている時、〃そうか〃と悩みの種が解決」

「旅先で景色を眺めている時、〃そうか〃とアイデアがひらめく」ような集中とも述べました。

なので、**デスクの前に座って「記銘集中」で深く考えても答えが出ないのなら、サウナや公園、カフェでボーッとする時間を意識的に確保した方がいい**ということなのです。

『天才の閃きを科学的に起こす 超、思考法』（ウィリアム・ダガン著、児島修訳、ダイヤモンド社）の中でスターバックスを世界的なコーヒーチェーンに育てたハワード・シュルツの事例が紹介されています。

そのエピソードは、まさに「自在集中」によるもの。こんな感じです。

・1983年、シュルツは米国シアトルのスターバックスに勤めていた。当時のスターバックスはコーヒー豆の販売店。

・新しい什器を探すため、イタリアのミラノに出張したシュルツは、ふとコーヒーバーに立ち寄った。

・エスプレッソを飲んでいたシュルツは、突然ひらめいた。
「スターバックスにイタリアのコーヒーバーの文化を取り入れてみては」と。

「ユリーカ」という、「わかった！」「ひらめいた！」となる瞬間を意味する言葉があります。古代ギリシャ語に端を発する言葉で、語源はアルキメデスが、金の純度の測定法を発見した際に叫んだ言葉と言われています。

自在集中とは、まさにこの「ユリーカ」を意図的に引き起こす手法なのです。

最近は、経営者や忙しいビジネスパーソンの間でサウナブームが到来しています。このブームはあえてボーッとする時間を持つことの有効性を感じている人が多いことを表しているのかもしれません。

第5章

集中力が途切れない
〝没頭空間〟をつくる
「環境ハック」

39
CONCENTRATION HACKS

「植物」は、左右対称に置く

緑視率を10～15％にすると集中力がＵＰ

「緑視率」

人の視界に占める緑の割合。
植物を左右対称に設置するとストレス軽減効果が高くなる。

侮れない「緑視率」の効果

環境を変えるだけで集中力が高まる、といった経験はないでしょうか。

この章では、「集中できる環境づくり」について紹介します。

実は、集中力を高める環境づくりは、大学などの研究機関だけではなく、多くの企業が検証を行っています。それほど、集中力を維持する上で、環境づくりは大きな鍵を担っているのです。

この章では、エビデンス（効果の証明）のあるメソッドで、かつ私が実践して、本当にオススメできるものに絞って紹介します。

最初に紹介したいのが、「緑視率」の効果です。

デスクやフロアに植物を置いてみてください。それだけでも、集中力を高める効果があります。

この**「緑視率」とは、人の視界に占める緑の割合**のこと。

「緑視率」を高めることで、集中力が高まることがわかっており、集中力を高めるには**10〜15%の緑視率がベスト**と言われています。

緑のある空間では、ストレスを感じた際に分泌されるストレスホルモンである「コルチゾール」の増加が抑制されます。そのため、集中力が回復しやすくなり、集中力をキープできるのです。

▼植物の置き方にもコツがある

コクヨ、JINSなどからなるプロジェクトが経産省に提言した「ワークスタイル変革モデル事業のレポート」(H30年)には、とても示唆に富むデータが紹介されています。植物を最適配置した部屋で仕事をすると、**集中力が8%も向上する**検証が得られたのです。

さらに、メルボルン大学の研究にこんなものがあります。退屈なタイピング作業の途中で40秒間の休憩を挟み、**緑あふれる屋根の画像を見ながら休憩を取ったグループは、オフ**

イス街のコンクリート屋根の画像を見ながら休憩したグループより、タイピングのミスが減り、集中力が回復する効果が高くなるとの検証も得られたのです。

さらに、植物の配置についての面白い検証もあります。

ある研究では、**「植物を左右対称に設置するレイアウトがもっともストレス軽減効果が高い」**ことがわかっています。

なので、リモートワークをする際、ＰＣの横に小さな観葉植物を置くだけでも、ストレスが軽減でき、集中力を持続しやすくなるのです。

私もデスクの横に、フェイクグリーンを置いています。見た目は、本物と区別がつかないほどに精巧です。それでいて、光触媒による脱臭効果もありますし、何より手間がかからないのが気に入っています。

POINT

左右対称に観葉植物を置くと、集中力が向上する。

40
CONCENTRATION HACKS

一瞬で集中モードに入りたいなら「香り」を使う

アロマの香りで集中力のスイッチが入る

「アロマディフューザー」

置くと、集中力が5%向上
（ワークスタイル変革モデル事業のレポート）。

▼「家のニオイ」が集中力を下げる

リモートワークの時、なぜか集中力を維持できないということもあるでしょう。要因の1つに「ちょっとした家のニオイ」が影響していることも少なくありません。

脳波研究の第一人者、杏林大学の古賀良彦名誉教授はこう言います。

「本人が意識しない家のニオイが脳にマイナスの影響を与えている可能性がある」と。

実際、教授とP&Gの実験において、汗、体臭のニオイを感じる状況では、集中力の指標となる脳波が10．8％も低下したそうです。

そこで、オススメの方法があります。

リモートワークで集中力を高めたい時は、**アロマを香らせてみてください。**香りをかぐと「よし、仕事モードに入るぞ」との合図になるからです。

前項でも紹介した「ワークスタイル変革モデル事業のレポート」（H30年）によると、**仕事空間に入る前にアロマディフューザーを置いたところ、集中力が5％も向上**したことがわかったのです。

集中力を上げる香りとは

私もワークスペースの香りは、かなり気にしています。

自分に合う香りを求め、数々のアロマディフューザー、ルームコロン、お香、などなど試しに試してきました。いずれも効果を実感しています。

今、私のブームは、ドラッグストアで買った「ハッカ油」をティッシュペーパーに湿らせ、デスクに置いておく芳香浴法という方法。これ以上はない、と私が思うくらいにダイレクトな香りで、効果はてきめん。朝の体が〝だる重い〟時でも、一気に目が覚め、集中モードに入れます。

とはいえ、かなりマニアックですので、万人にはオススメしません。

オススメは、**レモン、ペパーミント、ローズマリー、ユーカリ**など、集中力を高める作用のある香りです。

「アロマスプレー」をふりかけるのもよし、精油をティッシュペーパーに1〜2滴垂らす「芳香浴法」もよし、いろいろと試してみてはいかがでしょう。

香りにこだわると、集中できるだけではなく、1日の過ごし方が豊かになる感覚を得られますよ。

POINT

自覚していない「ちょっとした家のニオイ」が集中力を下げている。仕事空間に入る前にアロマを香らせると、集中力はアップする。

41
CONCENTRATION HACKS

コーヒーは、「カフェインレス」でも集中できる

集中力を高めるコーヒーのダブル効果

カフェイン効果

香り効果

「カフェイン・香り効果」

コーヒーカップ１杯でも集中力向上の効果がある。
オススメの香りは、ブラジルサントス、マンデリン、ハワイコナ。

2つの効果で集中力UP

コーヒーが集中力を高めることはもはや有名なセオリーですが、**「コーヒーのダブル効果」を知ると、よりコーヒーを手放せなくなるでしょう。**

1つは、コーヒーに含まれるカフェインの効果。

まず、食後の眠気を抑えられる効果があります。

摂った食事をエネルギーに変える際に出るアデノシン（代謝物質）が、アデノシン受容体に接合する際に、眠気を感じてしまうのですが、カフェインを摂ると、接合を阻害することができ、眠気が抑えられるのです。

では、どのくらいの量がベストなのでしょうか。

東京福祉大学の論文「日常生活の中におけるカフェイン摂取」に具体的に示されています。

- **覚醒作用の有効性は、カフェイン50㎎で得られる**（コーヒーカップ1杯）。
- 1日の摂取量を**300㎎以内にとどめることが適切**（コーヒーカップ6杯）。

くれぐれも飲みすぎは禁物ですが、効果的に摂取するといいでしょう。

2つ目の効果が、コーヒーの「香り」の効果。

古賀良彦教授の研究では、コーヒーの香りには集中力を高める効果があるとの言及もあります。ブレンドでも効果が期待できるそうですが、特にブラジルサントス、マンデリン、ハワイコナに集中力を高める効果があったそうです。

つまり、**摂取せずともデスクに置いておくだけでも、香りの効果で集中力を高める**ことができるというわけです。

カフェインレスコーヒーを有効活用

私が不思議に思っていたことがあります。

夕方以降は、睡眠の妨げにならないよう、あえてカフェインレスのコーヒーを飲むようにしているのですが、**カフェインレスでも集中力が回復する効果**を実感していたのです。

それが、まさに香りの効果だった、というわけです。

私は、ホットコーヒーもアイスコーヒーも、朝と日中は通常のブレンドコーヒー、夕方以降はカフェインレスと使い分けています。

カフェインレスをルーティーンに組み込むと、カフェインの過剰摂取も防げますし、睡眠の妨げにもならず、それでいて集中力を高める覚醒作用も得られます。コーヒーを効果的に摂取したい人、またはカフェインが苦手な人にオススメの方法です。

集中したい時は、コーヒーを味方につけてみてはいかがでしょう。

POINT

コーヒーには「カフェインによる覚醒」「香りによる覚醒」のダブル効果がある。カフェインが苦手な人は、カフェインレスでも集中力の効果を得られる。

42
CONCENTRATION HACKS

あえてBGMを「環境音」に変えてみる

BGMでは集中力は上がらない。しかし、環境音は効果あり！

「環境音」

波の音や雨の音、焚火の音、カフェのざわつきなどのこと。
「マスキング効果」や「1／ｆゆらぎ」によって集中できる。

▼ BGMはない方がいい？

「BGMがあった方が集中力は高まる」とよく言われますが、ちょっと注意が必要です。実は、**人によっては、BGMが集中力を下げる**ことがわかっているからです。

まず、**作業中に音楽を聞く習慣がない人は、BGMがない方が集中できます**。

和歌山大学の研究では、作業中に音楽を聞く習慣がない人は、音楽を聞きながら勉強すると集中しづらいことがわかったのです。しかも、作業中に音楽があると、むしろイライラするとの考察も得られています。

では、私のように作業中にBGMを聞く習慣がある人は、どうなのでしょう。

この研究では、集中しづらいということはないものの、意外なことに「集中力が高まる効果はない」との検証が得られています。

だったら、シーンとした無音の状態がいいかというとそうでもありません。

オススメは、**「環境音」をBGMにすることです。**

「環境音」とは、波の音や雨の音、焚火の音、カフェのざわつきなどのことです。

無音だと、どうしても周囲の話し声や、自動車の音などが際立ってしまうことから、ちょっとした音が気になることも少なくありません。

この「環境音」は周囲の雑音をかき消してくれる〝マスキング効果〟もあり、集中したい時には最適なのです。

音楽を賢く使う

「環境音」の効果はそれだけではありません。

集中力を高める音のゆらぎ〝1／fゆらぎ〟が含まれているのです。

ちなみに1／fゆらぎは、「規則性」と「不規則性」の両方を兼ね備えた音を指します。

例えば波の音や雨の音は、たしかに規則的ではあるものの、不規則な音も混じっているので、1／fゆらぎが発生するわけです。

先ほど、ポモドーロ・テクニックを紹介しました。

私はこのテクニックを行う際、YouTubeの「ポモドーロ・テクニック用」の「環境音」、特に波の音を好んで聞いています。心地よく、しかも集中できる効果を感じています。


でも、こう思われたかもしれません。「環境音だけでは、あまりに退屈だ」

だとすれば、普段、**音楽を聞きながら作業をする習慣がある人に限っては、音楽を聞いてもいいでしょう**。集中力を高めるわけではありませんが、リラックス効果を得られるので心地よく作業ができます。

「集中するためだけに環境音しか聞かない」、人はそんなにストイックではいられません。心地よさも大事でしょう。音楽をうまく取り入れるのも賢い選択です。

POINT

BGMが集中力を高めるわけではない。むしろ、注意も必要。しかし、「環境音」は集中力を高めてくれる。

43
CONCENTRATION HACKS

「坐骨」で座れば、集中力が上がる

正しい姿勢をキープできる2つのコツ

肘を90度にする
アームレストがあると前傾しにくい
坐骨を立てる
クッションを挟むと姿勢がよくなる

桜美林大学の調査

姿勢をよくした状態で計算問題を解くと、
解答スピードが5～10%ほど上がる。

座り方に気を付けた方がいい理由

日本人は、世界でもっとも座っている時間が長いそうです。

シドニー大学の研究者たちが世界20か国・地域の成人を対象に調査を行ったところ、**日本人は1日7時間（中央値）も座っている**とのこと。

桜美林大学の鈴木平教授の調査によると、**姿勢をよくした状態で計算問題を解いたところ、解答スピードが5～10%ほど上がる**結果となったというのですから、長時間にわたって座る人にとって、座り方は無視できません。では、どうすればいいのか。

正解は、**「坐骨で座る」**です。

「坐骨」ってどこ？　と思われたかもしれません。

「坐骨」は、骨盤の底に位置する骨のことです。

イラストをご覧ください。この座り方だと、「坐骨」を立てながら座ることができ、疲れを随分と軽減できます。

オススメのアイテム

でも、言うは易く、行うは難し。私自身がそうなのですが、ずっと坐骨を立てて座り続けるのもしんどいもの。

つい前のめりになってしまい、その結果として、首、肩、腰が痛くなるのが、お決まりのパターンです。

そうならないためには、実は**「イス」のチョイスが極めて重要です**。

まず、**肘を90度に置けるアームレストのあるイス**がオススメ。

肘をアームレストに置くことで、体に負担をかけることなく、自然に体を起こし続けることができるからです。

私も使っていますが、体が前のめりにならないため重宝しています。

どうしても、ダイニングテーブルのイスでやらねばならないなどの環境であれば、**骨盤を立てることで、背骨が自然なS字カーブになるクッション**を用意することもオススメです。

他には、背もたれに腰椎をサポートするクッションを装着するのもオススメです。私も使っていますが、このクッションがあると、背もたれにもたれても坐骨座りができますので、疲れを感じにくいのです。

私は、腰痛の持病があり、長時間座るのが苦痛になりやすいのですが、これらのアイテムに頼ることで、長時間の集中ができる実感を得られています。

他にも、周囲に人がいない環境なら、「片足」だけ、胡坐をかくように座る方法もあります。自然と〝坐骨座り〟ができ、背筋も伸び、集中しやすくなります。

POINT

座り方を正すだけで、解答スピードが上がる。座る時間が長い人ほど、座り方には注意を。

44
CONCENTRATION HACKS

集中が途切れた時は、場所を変える

「場所を変える」だけで、脳が活性化する

「場所細胞」

場所を変えると、この細胞が脳の活性化を促し、
単語を思い出す数が40%以上UP。

場所を変えると脳が活性化する

同じ場所で作業をしていると、行き詰まってしまうもの。

そんな時、「カフェに行って仕事するか」と思うことはありませんか。

それ、理にかなっています。**「場所を変える」ことで、脳が活性化するからです。**

2014年、ジョン・オキーフ博士らが歴史的な発見によってノーベル生理学・医学賞を受賞しました。

脳の中には、〝場所を感知〟できる「場所細胞」があることが、わかったのです。

例えば、あなたが寝ている時にどこかへ移送されたとしましょう。

起きた時、あたかもGPSのごとく、そこが「違う場所」であると認識できる、そのような能力と考えるとわかりやすいでしょう。われわれは、生来「場所を感知する精密な能力」を持ち合わせているということなのです。

さらに、解説を続けます。

実は、それより以前の1970年代なかばに、「場所細胞」の効果を実証する実験が、行われていました。**勉強する場所を変えただけで、単語を思い出す数が40％以上増えた**と言います。

これは、場所を変えたことで「場所細胞」が脳の活性化を促したためです。

そこで提案。**同じ場所で作業をしていて「息が詰まる」と思った時は、思い切って場所を変えてみましょう**。

場所を変えるだけで、脳が活性化し、集中力を回復させることができます。

リモートワークの場合、家の中で「ある時は仕事のデスク」で、「ある時はリビング」で……など場所を変えるのも作戦の1つ。「カフェで仕事をする」のもいいでしょう。

もっとも「集中できない場所」とは

眼鏡メーカーJINSのソロワーキングスペース「Think Lab」の調査によると、日本人がもっとも集中できない場所は、なんと「オフィス」だと言います。

11分に1回の頻度で「話しかけられる」か「メール・チャット」で邪魔をされるというのです。反論の余地はなさそうです。

それでも、オフィス内で仕事をせざるを得ない場合もあります。

そんな時、**共同スペースや空いている会議室が使えるのであれば、場所を移して作業をする**のもいいでしょう。

ただし、会社によっては注意も必要。

席を外して作業をする習慣がない職場では、コンセンサスを取っておくことが、お互いが気持ちよく仕事をする上で大切です。

あなた自身はもちろん、みんなで「場所を変える方法」を取り入れてみてはいかがでしょう。

POINT

場所を変えるだけで、記憶力が40%も向上したという研究も。息が詰まったと感じた時は、思い切って場所を変えてみる。

45
CONCENTRATION HACKS

集中力をキープしたいなら、室温にもこだわる

集中したい時は、22～26℃の範囲に設定

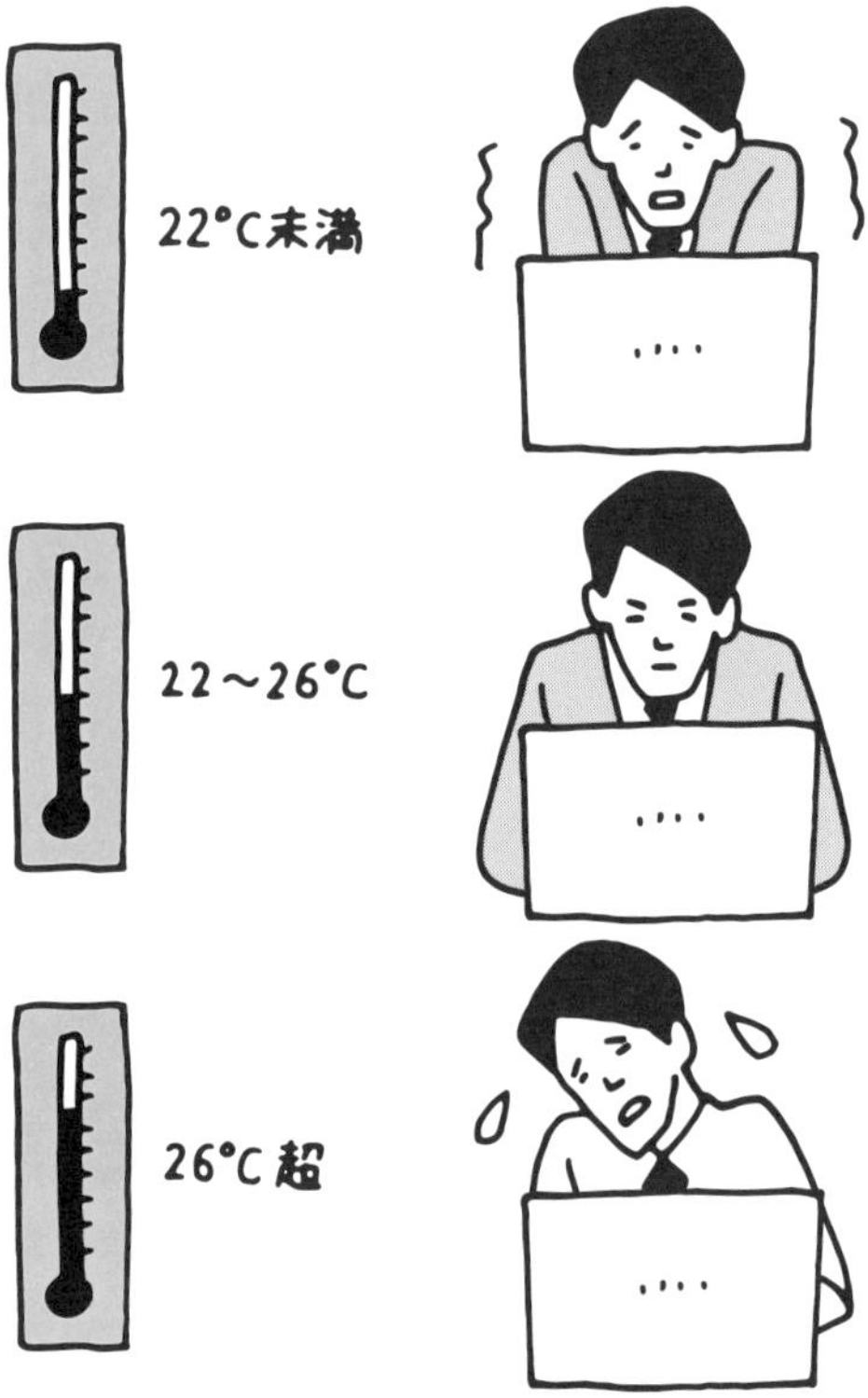

室温と集中力の関係

20℃から25℃に上げることで、タイピングミスが44%減少、文字量も150%増加！

室温で、集中力は大きく変わる

環境省のホームページには、このような記載があります。
「環境省では、快適性を損なわない範囲で省エネルギーを目指すために、室温を夏季28℃、冬季20℃とすることを推奨しています」

もちろん、省エネの観点から考えるとそうしたいのは山々ですが、集中力を高めたいのであれば、その設定はNGと言わざるを得ません。

多くの研究で、おおむね22℃から26℃の範囲にしないと、集中力が削がれることが明らかになっています。

まず、集中したい時は、22〜26℃の範囲にエアコンを設定しましょう。

その根拠となる研究を次にいくつか紹介します。

▼「室温と集中力」に関する研究

・室温を**20℃から25℃に上げることで、タイピングミスが44%減少**し、**文字量も150%増加**した。（コーネル大学　アラン・ヘッジ教授らの研究）

・もっとも仕事の生産性が高い温℃は**22℃**。（ヘルシンキ工科大学、ローレンス・バークレー国立研究所の共同研究）

・室温として一般的なオフィスで**推奨されるのは26℃**。

約1００人のオペレーターが扱った年間1万3169人分のコールデータを対象に、室内環境と生産性の関係を分析したところ、**25℃から28℃に上がると6%も生産性が低下**した。（早稲田大学理工学術院　田辺新一教授）

・25℃の時と比較して、**28℃で8時間作業をすると、最後の1時間では15%くらいパフォ**

ーマンスが落ちた。（東京疲労・睡眠クリニック院長　梶本修身）

数値にはバラツキがあるのですが、集中力を維持する上では、22〜26℃が最適であるとまとめられます。

研修講師としても、室温の重要性を強く感じています。

室温を省エネの観点で28℃に設定されているオフィスもあるのですが、研修開始から3時間程たつと、受講者に疲労の色が見えてくるのです。

その際、受講者のみなさんに「少し暑い人はいますか？」と聞くことがあります。1／3程の人が、〝少し暑い〟と回答されます。その後、室温を25℃前後に調整すると、受講者の注意力が回復するのが、手に取るようにわかります。

集中したい時に限っては、室温を22〜26℃の幅で設定することをオススメします。

POINT

環境省が推奨する夏28℃、冬20℃では、集中力は下がる。集中したい時に限っては、22〜26℃に設定する。

46
CONCENTRATION HACKS

スマホが気になるなら、置き方を変える

ポケットに隠すだけではダメ。別の部屋に置くのが正解！

テキサス大学の調査

テストを行ったところ、最高点は「スマホを別の部屋に置いたグループ」、最低点は「スマホを目の前に置いたグループ」。

集中力の最強の敵「スマホ」

最後に、集中力において極めて重要なテーマ、「スマホ」を取り上げます。

もし、**無意識にスマホを触ってしまう、もしくはスマホを見たくなる、ということがあれば、スマホの置き場所を変えてください。**

私もすぐにスマホを触ってしまう1人です。家族と一緒にいる時間より、スマホを触っている時間の方が長いですし、もはやスマホは私にとっての相棒と言っても過言ではありません。

でも、集中力を維持したいなら、スマホの誘惑に負けるわけにはいきません。

この本の第1章で、マルチタスクをすると「集中力は急激に下がる」とお伝えしました。第2章では、「気を取られるのは、たった0．1秒。しかし、もとの集中力に戻るのに23分はかかる」とお伝えしました。つい気を取られ、マルチタスクの温床となるスマホは、集中力の最強の敵なのです。

スマホはポケットに隠してもダメ

まず、無意識にスマホに手が伸びてしまうなら、**「仕事中はスマホを〝別の部屋〟、または〝玄関〟など、別の空間に置く」こと**から始めてみてください。

テキサス大学の心理学者エイドリアン・ウォードの調査は無視できません。

800人の被験者を「スマホを別の部屋に置く」「ポケットに入れる」「目の前に置く」のグループに分けて、いくつかのテストを行ったところ、やはり「別の部屋に置いた」グループの成績が最高点で、最低点だったのは「スマホを目の前に置いた」グループ。

ここまではOKでしょう。着目すべきは、スマホをポケットに入れたグループも成績が下がっていたことです。ポケットに入れているだけでは、スマホがあることを意識してしまうからです。

でも、「別の部屋はちょっと面倒……」と思われるなら、私がやっている方法も試してみてください。スマホを**手の届かない位置に置くだけで、同様の効果が得られます**。私は、スマホを充電する際、視界にも入らず、手を伸ばしても届かないデスクの端で行うのですが、そうすることでスマホを触ろうとは思わなくなるのです。

それでも、スマホの誘惑に負けてしまうこともあるでしょう。

そんな時は、思い切って「**タイムロッキングコンテナ**」を検討してみるのはいかがでしょう。以前、クイズ王の松丸亮吾さんが、集中する際に使っているとTVで紹介したことで話題になったアイテムです。設定した時間になるまで、蓋を開けられないので、スマホに手が伸びることは確実になくなるそうです。

スマホの誘惑に勝つ方法を持つことは、できるビジネスパーソンの必須のスキル。

ぜひ、自分に合った方法を見つけてください。

POINT

スマホに手が伸びてしまうなら、手の届かない場所に置く。自分が効果を感じるやり方でＯＫ。

47
CONCENTRATION HACKS

どうしてもスマホに気を取られてしまうなら「グレースケール」にする

グレースケールにすると見るのが面倒になる

「カラーモード」→報酬系の刺激を受ける。
「グレーモード」→報酬系の刺激が消える。

「グレースケール」の効果

スマホを遠ざけることを目的に、私が実践した方法を紹介しましょう。先にお伝えしておくと、効果がありすぎたためむしろ危険を感じ、2か月ほどで中断した方法です。

その方法が、スマホをグレースケール（白黒）にする方法。

先に、その理屈を紹介しましょう。グーグルの元デザイン倫理担当者のトリスタン・ハリスが次のように解説してくれています。

「グレースケールは、刺激が与えられることで、その行動が増加する〝正の強化〟を取り除き、SNSのフィードを読んだり、ゲームをプレイせずにはいられない衝動を鈍らせる」

いわゆる「報酬系の刺激」をモノクロにすることによって抑制するというわけです。

たしかに、肉汁があふれるジューと焼けたステーキのカラー写真を見ると、「食べたい！」となりますが、モノクロの写真で見ると、そこまで「食べたい」とは思わないでしょう。

スマホが面倒に感じ始める設定法

では、私の経験をお伝えします。

グレースケールにしたところ、すぐにスマホを見る頻度は減少しました。

まず、アプリのアイコンの判別がしにくいのです。ちょっとイラッとします。

さらにこう感じます。「YouTubeが、まったく面白くない……」

私自身が投稿者でもあるため、YouTubeをチェックする習慣があるのですが、苦痛に感じ始めたのです。そこで、YouTubeはPCで見ることにしました。

他のアプリも含めて、次第にスマホを見るのが面倒に感じ始め、見る頻度が激減しました。


ただ、困ったことが起こりました。

投稿したYouTubeやVoicyに頂戴したコメントへのレスが遅くなり始めたのです。

それは、私の狙うところではありません。そこで、私の場合はグレースケールを中断することにしたのでした。本気でスマホを断ちたい時には、かなり有効なワザです。

具体的なやり方を次に紹介します。ぜひ、トライしてみてください。

〈iOSの設定法〉

設定→アクセシビリティ→画面表示とテキストサイズ→カラーフィルタ

ここで、「カラーフィルタ」をオンにし、「グレイスケール」を選択。

〈Androidの設定法〉 ※機種によって異なります。

設定→ユーザー補助→テキストと表示→色補正→色補正を使用

「補正モード」で「グレースケール」を選択。

POINT

スマホをグレースケールにすると、むしろスマホを面倒に感じ始める。

おわりに

本を読むだけでは、人生は好転しない。必要なことは……。

最後まで、読んでいただきありがとうございます。

本書では、集中力を高めることの重要性と、具体的な方法や習慣について詳しくお伝えしました。

集中力は、忙しい生活を送りながらも、より効率的に目標を達成し、やりたいことを成し遂げる上で不可欠のスキルです。

人生をより豊かなものにしてくれる条件と言っても過言ではないでしょう。

しかし、ここで極めて大事な話をさせてください。

本を読んだだけで、人生が好転するほど、社会は甘いものではない。

それが私の本音です。

もしそうだとすれば、３０冊も読めば、悩みはなくなっているはずですし、忙しさとは無縁の生活を送っているはずです。


でも、そうはいかない。

だから、最後に応援メッセージとして、この話をさせてください。


「**学習定着率**」について、紹介します。

「学習定着率」とは、アメリカ国立訓練研究所が提唱する、学んだことをどれだけ長期間にわたって覚えることができるかを示す指標です。

これによると、「読書」による学習定着率は、たった10％しかないというのです。


つまり、本を読んでも身になるのは、たかだか10％程度ということ。

なので、この本を最後まで読んだとしても、読むだけで好転するほど人生は甘くない、ということなのです。

では、どうすれば学んだことが身になるのでしょう。
解決策は、実に簡単。
「**実践する**」こと、これだけです。

実践するだけで、実に、学習定着率は75％まで向上します。
料理のつくり方の本を読んだとしても、実際に調理をしないと覚えないのと一緒。
スポーツの本を読んだとしても、やはりプレイをしないと上達しないのと一緒。
身に付けるには、実践するしかないのです。

なので、この本の「はじめに」でも申しましたが、〝1つでもいい〟ので、実践をしてみてください。あなたの集中力が飛躍的に上がることは、間違いありません。
その結果、短時間でいろいろなことを処理できるようになり、ゆとりのある生活を手に入れることができるでしょう。

でも、さらに提案をします。

実は、学習定着率が90％にまで向上する方法があるのです。

それが、「**人に教える**」です。

教えることで、学習定着率はマックスに跳ね上がります。

ぜひ、あなたが実践したことを、あなたの大切な人にも教えてあげてください。

あなたの身になるだけではなく、周囲の人たちも、あなたのように人生を好転させるチャンスに恵まれることでしょう。


最後まで読んだあなたのことですから、あなたには素晴らしい向上心、そして才能やスキルが備わっています。これからも継続的に学び、成長し続けることで、自分自身をより高いレベルに引き上げることができます。

あとは、実践あるのみ。ぜひ、「やる」と決めたことを実践してみてください。

新しいステージに向けての挑戦を応援しています。

株式会社　らしさラボ　代表取締役　研修トレーナー
伊庭正康

参考資料・文献

PR TIMES「勉強時間と学習の定着・集中力に関する実証実験」
https://prtimes.jp/main/html/rd/p/000C00562.000000120.html

BBC News Japan「ＳＮＳを見続けてしまうからくり　仕掛け人の間にも懸念」
https://onl.bz/uQUUyW7

『限りある時間の使い方』オリバー・バークマン著、高橋璃子訳、かんき出版

『ヤバい集中力』鈴木祐著、ＳＢクリエイティブ

『4 Focus 脳が冴えわたる４つの集中』青砥瑞人著、KADOKAWA

『人生を変える集中力の高め方 集中力が劇的に向上する６つの話』ステファン・ファン・デル・スティッヘル著、枝川義邦・清水寛之・井上智義監修、徳永美恵訳、ニュートンプレス

『ＳＩＮＧＬＥ ＴＡＳＫ　一点集中術「シングルタスクの原則」ですべての成果が最大になる』デボラ・ザック著、栗木さつき訳、ダイヤモンド社

STUDY HACKER「成功者の習慣8個。続ければ年収が４倍に!?」
https://studyhacker.net/successful-people-habits

厚生労働省「ｅヘルスネット」
https://www.e-healthnet.mhlw.go.jp/information/heart/k-02-001.html

『スタンフォードの自分を変える教室』ケリー・マクゴニガル著、神崎朗子訳、大和書房

OXFORD ACADEMIC「Respiration-timing-dependent changes in activation of neural substrates during cognitive processes」
https://academic.oup.com/cercorcomms/article/3/4/tgac038/6696699

Roberts Wesleyan University「35,000 Decisions: The Great Choices of Strategic Leaders」
https://go.roberts.edu/leadingedge/the-great-choices-of-strategic-leaders

Psychology Today「How Many Decisions Do We Make Each Day?」

https://www.psychologytoday.com/intl/blog/stretching-theory/201809/how-many-decisions-do-we-make-each-day
ログミー Biz「日本人は生まれつき悲観的?-中野信子氏が解説する不安の脳科学」
https://logmi.jp/business/articles/152071
新潟市医師会
https://www.niigatashi-ishikai.or.jp/citizen/cranial/cranial-memo/202210282130.html
デスクワーク中に可能な運動として行う微小揺脚運動（貧乏揺すり）：経絡自律神経活動の変化（特別講演 1,第23回生命情報科学シンポジウム）
https://cir.nii.ac.jp/crid/1390001288134857984
カラダのキモチ
https://hicbc.com/tv/karada/archive/20100103/
Taylor & Francis Online「Call Center Productivity Over 6 Months Following a Standing Desk Intervention」
https://www.tandfonline.com/doi/abs/10.1080/21577323.2016.1183534?journalCode=uehf20
『モチベーションの心理学 「やる気」と「意欲」のメカニズム』鹿毛雅治著、中央公論新社
『「変化を嫌う人」を動かす』ロレン・ノードグレン、デイヴィッド・ションタル著、船木謙一監訳、川﨑千歳訳、草思社
『やり抜く人の9つの習慣 コロンビア大学の成功の科学』ハイディ・グラント・ハルバーソン著、林田レジリ浩文訳、ディスカヴァー・トゥエンティワン
再春館製薬所「1週間を元気に過ごす！気持ちのいい月曜日の朝を迎えるには」
https://www.saishunkan.co.jp/labo/report/rhythm_data1/
東京医科大学　精神医学分野　産業精神医学支援プロジェクト「早起きは三文の損：朝型人間の夜ふかしと、夜型人間の早起きが生産性低下と関連」
https://team.tokyo-med.ac.jp/omh/news/202203_chronotype/
STUDY HACKER「アマゾンが新オフィスを〝植物だらけ〟にした興味深い理由。視界のグリーンがもたらすメリットがすごい！」
https://studyhacker.net/office-green
日本の人事部　健康経営「緑視率」
https://jinjibu.jp/kenko/keyword/detl/1414/

プロクター・アンド・ギャンブル・ジャパン株式会社「家庭のニオイが子どもの集中力を低下させることが明らかに」
https://prw.kyodonews.jp/prwfile/release/M101519/201612127110/_prw_OR1fl_RrRQ50La.pdf

日本健康心理学会大会発表論文集「コーヒーの香りが集中度としての情報処理能力に与える効果」
https://www.jstage.jst.go.jp/article/jahpp/33/0/33_P24/_pdf/-char/ja

東京福祉大学「日常生活の中におけるカフェイン摂取」
https://www.tokyo-fukushi.ac.jp/introduction/research/images/bulletin/bulletin06_02.pdf

NewsPicks「コーヒーの香りが集中力をアップさせる科学的根拠とは」
https://newspicks.com/news/2893085/body/

和歌山大学「計算および記憶課題に及ぼすＢＧＭの影響について」
https://core.ac.uk/download/pdf/198554489.pdf

理化学研究所 脳科学総合研究センター「 Place cell（場所細胞）と Grid cell（格子細胞）―２０１４年ノーベル生理学・医学賞を解説する―」
http://bsi.riken.jp/jp/youth/place-cell_and_grid-cell.html

ダイヤモンド・オンライン「勉強する場所を変えるだけで、テストの点数が良くなる!?」
https://diamond.jp/articles/-/83900

環境省「家庭のエネルギー事情を知る」
https://www.env.go.jp/earth/ondanka/kateico2tokei/html/energy/detail/06/

STUDY HACKER「生産性を上げたければ「温度」と「湿度」に気を配れ！？　最適な作業環境を徹底的に考察してみた。」
https://studyhacker.net/columns/best-temperature-efficiency

AERA dot.「オフィスの温度　「28度設定」の根拠は50年前の研究」
https://dot.asahi.com/aera/2016072600185.html?page=1

ダイヤモンド・オンライン「室温28度のオフィスで仕事の生産性は15％落ちる」
https://diamond.jp/articles/-/140185?page=2

WIRED「スマートフォンへの依存を防ぐには、「グレースケール設定」が効果的？」
https://wired.jp/2020/01/30/grayscale-ics-android-smartphone-addiction/

著者から読者のあなたへのプレゼントです！

効率的にタスクを済ませる実践技を紹介するメルマガ「【読者特典】タイムマネジメント！時間管理 Tips ！（全5回）」をプレゼントします。
ぜひ、実践に向けてのトレーニングにお役立てください。

登録は、カンタンです。
下記のＱＲコードにアクセスしてください。

※このサービスは予告なく終了することがあります

著者
伊庭正康（いば・まさやす）
(株) らしさラボ　代表取締役

1991年リクルートグループ入社。法人営業職として従事。プレイヤー部門とマネージャー部門の両部門で年間全国トップ表彰を4回受賞。累計40回以上の社内表彰を受け、営業部長、(株)フロムエーキャリアの代表取締役を歴任。

2011年、研修会社(株)らしさラボを設立。リーディングカンパニーを中心に年間200回を超えるセッション（営業研修、営業リーダー研修、コーチング、講演）を行っている。実践的なプログラムが好評で、リピート率は9割を超え、その活動は『日本経済新聞』『日経ビジネス』『The21』など多数のメディアで紹介されている。Webラーニング「Udemy」でも営業スキル、リーダーシップ、時間管理などの講座を提供し、ベストセラーコンテンツとなっている。

『できるリーダーは、「これ」しかやらない』『できる営業は、「これ」しかやらない』（ともにPHP研究所）『仕事の速い人が絶対やらない段取りの仕方』『目標達成するリーダーが絶対やらないチームの動かし方』（ともに日本実業出版社）など、著書は30冊以上。

※無料メールセミナー（全8回）:「らしさラボ無料メールセミナー」
YouTube:「研修トレーナー伊庭正康のスキルアップチャンネル」
Voicy:「1日5分　スキルUPラジオ」も好評。

やる気ゼロからフローに入る　超・集中ハック

2023年6月30日 初版発行
2023年7月12日 第10刷発行

著者　伊庭正康
発行者　石野栄一
発行　明日香出版社
〒112-0005 東京都文京区水道2-11-5
電話 03-5395-7650
https://www.asuka-g.co.jp
デザイン　菊池祐
イラスト　岡田丈
組版・図版　野中賢 / 安田浩也（システムタンク）
校正　共同制作社
印刷・製本　シナノ印刷株式会社

ISBN 978-4-7569-2275-5